Jens Burmeister

111 Orte am Mittelrhein, die man gesehen haben muss

Mit Fotografien von Karin Achilles

111

emons:

Bibliografische Information der Deutschen Nationalbibliothek
Die Deutsche Nationalbibliothek verzeichnet diese Publikation in der Deutschen Nationalbibliografie; detaillierte bibliografische Daten sind im Internet über http://dnb.d-nb.de abrufbar.

MIX
Papier aus verantwortungsvollen Quellen
FSC® C043106
www.fsc.org

Layout: Eva Kraskes, nach einem Konzept
von Lübbeke | Naumann | Thoben
Kartografie: altancicek.design, www.altancicek.de
Kartenbasisinformationen aus Openstreetmap,
© OpenStreetMap-Mitwirkende, ODbL
Druck und Bindung: Grafisches Centrum Cuno, Calbe
Printed in Germany 2023
ISBN 978-3-7408-1745-9

Vorwort

»Die Loreley darf wieder hoffen«, schrieb die FAZ und resümierte, dass die Bundesgartenschau 2029 zum lang ersehnten verbindenden Element des romantischen Mittelrheintals werden könnte. Denn vielfältig ist es, das 120 Flusskilometer umfassende Tal zwischen Bingen und Bonn. Und ebenso zersplittert. Im Süden ist man Weltkulturerbe, nördlich von Koblenz jedoch nicht. Die Bindung an Regionen wie das Siebengebirge oder das Viertälergebiet ist oftmals enger als die Identifikation mit dem Mittelrheintal. Und die Pandemie hat hier wie allerorts die Lage verschärft. Das zeigte sich auch während der Recherchen zu diesem Buch, als eine Handvoll Orte wieder von der Liste verschwanden. Einige Weingüter wurden geschlossen, der Aldegundismarkt findet nicht mehr statt, und die Schleifenblume im Bopparder Hamm wird zahlenmäßig so langsam unterkritisch. Aber es gibt Lichtblicke, so scheint zum Beispiel die Talsohle für den Weinbau sowie für den Bevölkerungsrückgang inzwischen durchschritten.

Dieses Buch lädt Sie zu einem Blick hinter die Kulissen eines Tals ein, das von Bergbau, Weinbau, Obstbau und der Rheinschifffahrt geprägt wurde. Und von einer Natur, der man inzwischen wieder ihre Rückzugsorte zugesteht. Alle haben hier ihre Spuren hinterlassen, von den Römern über die Schweden bis zu den Briten, Franzosen und Amerikanern. Kriege haben das Tal gezeichnet, ebenso wie berühmte Schriftsteller, Künstler, Politiker und Erfinder. Auch die Moderne soll nicht vergessen werden. Mit eigenwilligen Menschen, die alles sammeln, was sich sammeln lässt, Künstlern, Winzern und Gastronomen, die sich gegen den Niedergang des Tals stemmen. Ein Panoptikum bietet sich hinter den Kulissen, das die Entdeckung lohnt. In diesem Sinne: Nichts gegen die Marksburg und die Loreley, aber auch die Bohrstelle für den Geyrsprudel in Bad Breisig oder das Kolumbarium in der Bopparder Karmeliterkirche lohnen den Besuch am Mittelrhein.

111 Orte

Immer verbunden

1 Die Blindentastreliefs

Nicht unantastbar

Das heutige Bacharacher Rathaus ist bereits die Nummer vier in der langen Geschichte des Ortes. Seit 1941 ist es in den Gebäuden der ehemaligen kurpfälzischen Neuen Kellerei untergebracht.

Hier wurden einst die Waren gelagert, die als »Zehnter« an den Kurfürsten zu entrichten waren, sowie Trauben gekeltert und Wein hergestellt. Anfang des 19. Jahrhunderts wurde das Gebäude von den französischen Besatzern auch schon mal als Kaserne genutzt. Wenn man am Tor des Arkadengangs genauer hinschaut, entdeckt man noch zwei kurpfälzische Wappensteine.

Im Jahr 2017 wurde Bacharach, genauer gesagt das Rathaus, um eine Attraktion reicher. Im Arkadengang wurden zehn Reliefs, die bekannte Sehenswürdigkeiten des Ortes darstellen, aufgehängt. Den Stadtmauerrundweg, das Alte Haus, den Grünen Baum, sie alle findet man hier wieder. Die Werke stammen von der Stralsunder Keramikkünstlerin Hendrike Weber. Die Blindentastreliefs sollen die Sehenswürdigkeiten auch für sehbehinderte Menschen erfahrbar machen. Die neun 30 mal 40 Zentimeter großen Kunstwerke sind jeweils mit einer kleinen Platte mit herkömmlicher sowie in Brailleschrift versehen. Die Keramiktäfelchen wurden aus Westerwälder Ton hergestellt und leisten einen wertvollen Beitrag zur viel beschworenen Inklusion. Wie immer war die Initiative Einzelner nötig, um diese Idee zu verwirklichen.

In diesem Fall war es Maria Kochskämper, die sonst zusammen mit anderen Helferinnen die Bacharacher Kleiderkammer organisierte. Auch so ein lobenswertes inklusives Projekt, bei dem gut erhaltene Kleidung für kleines Geld verkauft wurde. Der Erlös blieb in der Region und wurde für gute Zwecke verwendet. Kochskämper stellte den Kontakt zur Künstlerin her, der Kreis, der Rotary Club und die Kleiderkammer halfen mit Geld. Auch für »Normalsichtige« ist das Ertasten der Bacharacher Reliefs eine sehr sinnliche Art, Bacharach zu entdecken.

Adresse Oberstraße 1, 55422 Bacharach | Anfahrt hinter dem Kapuzinerkloster von der B 9 rechts, über den Bahnübergang und rechts in Mainzer Straße, die zur Oberstraße wird | Tipp Gehen Sie die Oberstraße weiter und entdecken Sie Bacharach mit seinen historischen Häusern und hervorragenden Weingütern.

2 Das Haus Utsch

Ein Jäger aus Kurpfalz

»Ein Jäger aus Kurpfalz, der reitet durch den grünen Wald, er schießt das Wild daher, gleich wie es ihm gefällt.« Es ist sicherlich eine Generationsfrage, ob man den Text und die Melodie des Volkslieds aus dem 18. Jahrhundert kennt.

Wer das Vorbild für den wilden Jäger war, ist umstritten, aber lange Zeit vermutete man es in Friedrich Wilhelm Utsch, der von 1732 bis 1795 gelebt hat und Erbförster des Mainzer Kurfürsten im Soonwald war. Das Bacharacher Haus nutzte er als Sommerresidenz. Das Gebäude wurde 1585 gebaut, und wenn man heute vor dem Haus mit Schieferdach, vorspringendem Erker und dunkelgrünen Fensterläden steht, nimmt man ihm das Försterhaus locker ab. Die Nazis waren große Fans dieses Hauses, angeblich hat Hitler es persönlich besucht. Nach dem Zweiten Weltkrieg wurde hier allerdings eine Druckerei betrieben und bis in die 1970er Jahre die wöchentliche Lokalzeitung »Bacharacher Anzeiger« produziert. Im heutigen Sinne war Utsch weit mehr als ein Förster, eher ein klassischer Unternehmer, denn er besaß die Rheinböllerhütte, ein Eisenhüttenwerk, und hatte mehr als 100 Angestellte.

Das sechsstrophige Lied hat einen recht anzüglichen Inhalt, weswegen die Strophen drei bis fünf heute häufig weggelassen werden. Es geht um die Freuden der Jagd und um Kuckuckskinder, die dabei gezeugt werden. Gedichtet wurde es wahrscheinlich von Pater Martin Klein, einem Freund des Försters Utsch.

Wenn Friedrich Wilhelm Utsch wirklich das Vorbild für das Lied war, dann hat es auch einen ironischen Aspekt. Angeblich schoss der Erbförster in 15 Jahren ganze drei Stück Rotwild und einen Bock. Das Lied jedenfalls hat eine lange und erfolgreiche Karriere hingelegt. Hoffmann von Fallersleben dichtete eine Parodie, Loriot machte es zum Maskottchen der Bundesgartenschau 1975, und Helmut Kohl ließ es häufig bei öffentlichen Auftritten spielen oder singen.

Adresse Koblenzer Straße 7, 55422 Bacharach | **Anfahrt** von der B 9 unter der Bahnlinie auf Auf der Münze fahren, rechts in Koblenzer Straße | **Öffnungszeiten** nur von außen zu besichtigen | **Tipp** Bacharach ist voll von sehenswerten historischen Häusern. Ein Stückchen weiter, in der Koblenzer Straße 15, steht das Haus Rheinblick, der eindrucksvolle Bau einer ehemaligen Weinhandlung von 1900.

3 Das Hotel Herbrecht

Geheime Kriegsbesprechung

Zwischen Mittelrheinhalle und Bahnhof liegt das ehemalige Hotel Herbrecht, heute ein Wohnhaus. Auf historischen Postkarten erkennt man die hölzernen Verzierungen an Dachgiebeln und Balkonen, das grüne Weinlaub, das am Haus emporrankt. Das Haus nannte sich das erste und größte Hotel am Platz. Es warb damit, dass es nur vier Minuten von der Landungsbrücke der Kölner und Düsseldorfer Gesellschaft entfernt sei. Zudem verfüge man über hohe, geräumige Zimmer, Terrassen mit herrlicher Fernsicht, einen großen schattigen Garten und Wein aus eigenem Anbau. Im Übrigen seien Bäder und eine Automobilgarage vorhanden.

Es war wohl weniger aus strategischen Gründen, sondern der schönen Lage des Weindorfs geschuldet, dass die Wehrmacht sich für Bacharach entschied. Gleiches gilt für das Hotel Herbrecht, in dem das XXI. Armeekorps sein Hauptquartier bezog. General Falkenhorst, sein Stab und fünfundzwanzig Ordonnanzoffiziere richteten im Hotel Schreibstuben und Wohnräume ein. Am 23. Februar 1940 fand eine geheime Besprechung statt, für die das Hotel weiträumig abgesperrt wurde. General Falkenhorst trat vor seine Offiziere und teilte ihnen mit: »Halten Sie sich fest. Wir werden Norwegen okkupieren!« Falkenhorst war soeben von Hitler die Leitung der Bodentruppen der sogenannten »Operation Weserübung« übertragen worden. Sie nahmen am Überfall der deutschen Wehrmacht auf Norwegen und Dänemark teil. Schnell wurden die Soldaten in den Norden abkommandiert. Letztlich wurde im Hotel Herbrecht die deutsche Besatzung Norwegens initiiert.

Falkenhorst wurde nach dem Krieg von einem Militärgericht zum Tod durch Erschießen verurteilt. Da er sich während des Kriegs zusammen mit Sven Hedin für die Begnadigung von zehn Norwegern eingesetzt hatte, die wegen Spionage zum Tod verurteilt worden waren, setzte sich Hedin für Falkenhorst ein, und das Todesurteil wurde in eine Gefängnisstrafe umgewandelt.

Adresse Mainzer Straße 10, 55422 Bacharach | Anfahrt hinter dem Kapuzinerkloster von der B 9 rechts abbiegen, über den Bahnübergang, vorbei an der Mittelrheinhalle und links in Mainzer Straße | Öffnungszeiten nur von außen zu besichtigen | Tipp In der Mittelrheinhalle findet alljährlich am letzten Samstag im Mai die Mittelrhein-Weinmesse statt.

4 Der Kapuzinergarten

Der spanische Vampir

Der Kapuzinergarten liegt neben der heutigen Pfarrkirche St. Nikolaus zwischen Mittelrheinhalle und Rheinanlagen. Er gehörte zu dem früheren Kloster, das 1802 aufgehoben wurde. Die Szenen, die sich in dem idyllischen Gärtchen zugetragen haben sollen, lassen einem das Blut in den Adern gefrieren.

Der Reiseschriftsteller Christian von Stramberg berichtet uns im 19. Jahrhundert, dass der Kirchhof schon seit jeher wegen spukhafter Erscheinungen verrufen sei. Nacht für Nacht käme ein Gespenst herunter, ein schwarzer Mann namens Wuwelakes, der einem dreibeinigen Hasen folgc. Dort, wo heute die Mittelrheinhalle steht, war früher ein Friedhof, daran schloss die Bleiche an. Der Bereich lag außerhalb der Bacharacher Stadtmauer. Der Hase sei über die Bleiche gelaufen, ohne sie zu beschmutzen. Ihm folgte der schwarze Mann, dem sein Hündchen durchging. In Verfolgung seines Hündchens schlüpfte der Mann durch die Hecken in den Kapuzinergarten, an dessen Ende er sich kopfüber in den Rhein stürzte. Der Reiseschriftsteller spekulierte über die Herkunft der Erscheinung und gab als eine Variante einen toten spanischen Kommandanten aus der Zeit des Dreißigjährigen Kriegs an.

Der dreibeinige Hase verkörperte die Störung der christlichen Schöpfung. Hexen verwandelten sich in dreibeinige Hasen und richteten in dieser Gestalt Schaden an. Wuwelakes, der Name des schwarzen Mannes, verrät uns, dass es sich um einen Vampir handelte. Vampirgeschichten haben eine lange Tradition, die frühesten stammen aus dem 17. Jahrhundert. Bram Stoker war es schließlich, der den Mythos des blutsaugenden Untoten im 19. Jahrhundert in die Moderne übertrug. Erstaunlich genug, haben sich Vampirgeschichten bis heute als Stoff von Büchern, Filmen und Serien gehalten. Vorsicht ist jedenfalls bei nächtlichen Wanderungen in Bacharach geboten, besonders, wenn man sich vor der Stadtmauer aufhält!

Adresse Bundesstraße 9, 55422 Bacharach | **Anfahrt** hinter dem Kapuzinerkloster von der B 9 rechts abbiegen, rechts vor dem Bahnübergang ist der Eingang zum Kapuzinergarten | **Tipp** Schauen Sie sich die Pfarrkirche St. Nikolaus vom Ende des 17. Jahrhunderts an.

5 Die Paff-Gedichte

Wie ein Porno behandelt

Normalerweise interessieren die Kilometersteine am Rheinufer wegen der flussseitigen Beschriftung. In Bacharach ist dies anders, denn wenn man in die Uferauen hinabsteigt und den Blick hinüber auf die andere Rheinseite schweifen lässt, findet man kurze Gedichte auf den weiß gekalkten Steinen. Sie wirken wie ein lakonischer Kommentar zu dem rheinromantischen Bild, das sich dem Auge bietet. Als Urheber der Zeilen ist ein F. G. Paff erwähnt. Das ist keinesfalls selbstverständlich, denn Paff ist weder einer der überlebensgroßen Toten wie Heinrich Heine, Clemens Brentano oder Victor Hugo, die man am Rhein gern auf Fahnen und Täfelchen schreibt. Noch sind seine Werke, die in zahlreiche Sprachen übersetzt wurden, je in Großverlagen erschienen.

Der Schriftsteller Friedrich G. Paff wurde 1950 in Bacharach geboren. Er war stets unbequem und hat gegen den Zeitgeist geschrieben. Sein Onkel wurde in Hadamar vergast – und diese Tragödie einer der Anstöße seines Schaffens. 1983 veröffentlichte er den Gedichtband »Die Hexe von Bacharach«, in dem er die Deportation der Juden und Euthanasieopfer in seinem Heimatort thematisiert. Er galt lange als Nestbeschmutzer, nannte im Gottesdienst die Namen der Ermordeten und sagt über sich selbst, er wäre damals »wie ein Porno behandelt worden«. Erinnerung ist für Paff wichtig, wobei er nicht als Mahner erscheinen will, sondern als jemand, der das Schweigen hörbar macht. Und das ganz ohne den moralischen Zeigefinger.

»Brennesselhaut und Schiefererde« ist ein aktueller, einfühlsamer Gedichtband des Autors. Immer noch ist der unbequeme Dichter in Bacharach aktiv, zum Beispiel als Mitbegründer der Lesebühne Bacharach oder als Lesender beim Theaterfestival »Ufer der Poesie« – ebenfalls eine Namensschöpfung von ihm. Dass man einige seiner Gedichte heute am Rheinufer findet, ist eine besonders schöne Reverenz, die ihm seine Heimatstadt erweist.

Adresse Bundesstraße 9, 55422 Bacharach | Anfahrt Parken Sie auf einem der Parkplätze am Rheinufer und entdecken Sie die Kilometersteine. | Tipp Erkunden Sie weitere Sehenswürdigkeiten in den Rheinanlagen, wie die Skulpturengruppe der drei Poeten. Oder den Rabenstuhl der Poesie, ebenfalls Friedrich G. Paff gewidmet.

6 Die Römerstraße

Spuren im Schiefer

Wenn es keine fleißigen Mitbürger gäbe, die die Spuren im Schiefer neben der Landstraße regelmäßig freilegen würden, hätte die Natur sie längst unter Moos und dornigem Gestrüpp versteckt. So aber können wir sie mit ein wenig Mühe entdecken und unsere Phantasie spielen lassen. »Cart-Ruts« werden solche Spuren gemeinhin genannt und geradezu reflexartig den Römern zugeschrieben. Wie aber entstehen die Rillen im Gestein?

Man findet sie vor allem bei ansteigenden Straßen, und eine Erklärung ist, dass blockierende, mit Eisen beschlagene Räder sich über die Jahrhunderte ins Schiefergestein gefräst haben. Wahrscheinlicher ist aber, dass die Erbauer die Spuren in den Stein gemeißelt haben, um das Befahren zu erleichtern.

Die Römer haben das Viertälergebiet besiedelt, und ihr gewaltiges Straßennetz samt Brücken war dabei ein wesentlicher militärischer Erfolgsfaktor. Die wichtigsten Römerstraßen am Mittelrhein und im Hunsrück waren die Rheinstraße und die Ausoniusstraße. Letztere verlief von Mainz über Bingen, Trier und Metz bis nach Reims. Zu ihr führten Seitenstraßen, und so führte auch unsere Straße wohl nach Rheinböllen und von dort aus weiter bis auf die Ausoniusstraße.

In den 1970er Jahren wurde das Straßenstück ausgegraben. Wenn man die Felswände genau betrachtet, sieht man Rillen im Stein, die parallel zur Straße verlaufen. Bis auf eine Höhe von 1,50 Meter kann man sie entdecken. Das zeigt, dass sich die ursprüngliche Straße auf weitaus höherem Niveau befunden hat als heute. Etwa alle 30 bis 50 Jahre mussten antike Straßen erneuert werden, und das, was übrig geblieben ist, ist die jüngste Schicht. Vermutlich wurde die älteste Straße tatsächlich von römischen Händen erbaut, aber ihre Steine sind längst zu Staub zermahlen worden. Wer eine phantasievollere Erklärung für die Spuren im Schiefer sucht, kann sie natürlich auch Außerirdischen in die Schuhe schieben.

Adresse Stahleckstraße (K 24), 55422 Bacharach | Anfahrt von der B 9 in Bacharach auf Marktstraße, rechts in Oberstraße, gleich wieder links in Blücherstraße, der Straße folgen, bis es links hoch zur Burg Stahleck geht – die Römerstraße liegt rechter Hand | Tipp Wo es links zur Burg Stahleck geht, geht rechts ebenfalls ein Weg ab. Folgt man ihm, kommt man zum alten Wasserwerk Nauheim. Der Haupthochbehälter wurde 1905 errichtet, und der Hochbehälter im Postenturm diente als Gegenbehälter.

7__Der Steeger Hinkelsdreck

Mittelrheinische Tapas

Appetitlich sehen die braunen Klöße erst dann aus, wenn der Koch Andreas Stüber den Hinkelsdreck auf einer Schieferplatte drapiert und mit Mandeln und Blütenblättern bestreut hat. Deswegen heißt die Leberpastete ja auch so, weil sie an den »Dreck« von Hinkeln (Hühnern) erinnert. »Schnepfendreck« hieß das Gericht einst vor allem im Bacharacher Raum und wurde damals aus den Innereien von Wildvögeln zubereitet.

Andreas Stüber hat dieses traditionelle Gericht in die Moderne überführt, indem er statt der Wildvögelinnereien die Leber von Hähnen verwendet. Die Leber wird in Schmalz angebraten, dazu kommen Schalotten, mit Rotwein wird abgelöscht. Die eingekochte Masse wird mit Butter und Hefebrand verfeinert und püriert. So einfach und so lecker zugleich – das Rezept im Schnelldurchgang. Stüber serviert einen Klecks Traubengelee dazu, natürlich vom Riesling. Die Weinempfehlung zu diesem Gericht, das Stüber als Vorspeise serviert, ist denkbar einfach. Es sollte ein Riesling mit etwas Restsüße sein, um mit dem Traubengelee zu harmonieren.

Auf der Speisekarte von Stübers Restaurant stehen weitere Gerichte, die den Geist des Hinkelsdrecks atmen. Sei es der »Wisperwind«, eine Variation des Vitello tonnato aus Frischlingsrücken und Wisperforelle. Oder der Rieslingbraten, in dem natürlich der heimische Weißwein die Rolle des Burgunders übernimmt, die dieser im Bœuf bourguignon spielt. Der Einfluss der mediterranen, vor allem französischen Küche ist nicht nur bei Stüber, sondern generell in Bacharach spürbar. Schließlich stand man lange genug unter französischer Herrschaft.

Inzwischen hat Andreas Stüber angefangen, einige seiner Gerichte in Gläser zu füllen, so etwa »Wilde Hirschklöße« oder den Hinkelsdreck. So kann man also auch einen »Hinkelsdreck to go« im Rhein-Hotel erwerben, falls man ein essbares Stück Bacharach mit nach Hause nehmen möchte.

Adresse Rhein-Hotel, Langstraße 50, 55422 Bacharach | Anfahrt von der B 9 in Marktstraße, links in Langstraße | Öffnungszeiten Mi–Mo 17–21.15 Uhr, So auch 12–14.15 Uhr | Tipp Den Spaziergang auf der Bacharacher Stadtmauer sollte man sich nicht entgehen lassen.

8 Die zornige Madonna

Wenn Blicke töten können

Lebensgroß aus rotem Sandstein geschaffen, blickt die Madonna von der Mauer des ehemaligen Kapuzinerklosters, der heutigen Pfarrkirche St. Nikolaus, hinab. In ihrem linken Arm hält sie das Jesuskind, das nur mit einem Stoffstreifen bekleidet ist und Weltkugel und Apfel in den Händen hält. Der Legende nach stand die Marienstatue einst auf dem Portal der Wernerkapelle und segnete von oben die Wallfahrer.

Pilger hatten damals eine Menge Geld gespendet, um den schleppend verlaufenden Weiterbau der Kapelle zu beschleunigen. Es sprach sich herum, dass in der Kapelle inzwischen Reichtümer gelagert wurden. In einer sturmgepeitschten Vorfrühlingsnacht des Jahres 1337 drangen Räuber in die Kirche ein und raubten das gesammelte Geld. Zornig blickte die Madonna den Dieben hinterher, die daraufhin auf der Flucht die Kontrolle über ihr Boot verloren und an einem Felsen im Rhein zerschellten. Ihre Beute ging in den Fluten verloren. Erst 100 Jahre später konnte die Kapelle endlich fertiggestellt werden. Als die Franzosen Ende des 17. Jahrhunderts Burg Stahleck sprengten, wurde auch die Wernerkapelle beschädigt. Die Kirche verfiel, und die Madonna musste einen neuen Platz finden. Und den fand sie, so will es die Legende, auf der Mauer. Immer noch schaut sie zornig von dort auf den Rhein den Dieben hinterher.

Dagmar Aversano-Schreiber hat sich dieser Legende sowie der Statue angenommen und ist ihr sehr gewissenhaft auf den Grund gegangen. Sie ist sich sicher, dass die Madonna in Wahrheit nie auf der Wernerkapelle gestanden hat. Denn unsere Madonna ist barock, während jene auf der Wernerkapelle gotisch war. Es handelt sich vermutlich auch nicht um eine barocke Nachbildung, sondern um eine Figur, die ursprünglich in einer Nische über dem Westportal von St. Nikolaus gestanden hat. Und diese Madonna blickt auch gar nicht böse, sondern lächelt vielmehr.

Adresse B 9, Ecke Zollstraße, 55422 Bacharach | **Anfahrt** Direkt an der Bundesstraße 9, Ecke Zollstraße, steht die Madonna auf der Mauer. | **Tipp** Besichtigen Sie die Ruine der Wernerkapelle, um nachzuschauen, wo die Madonna einst gestanden haben soll.

9 Die Gärten Langer und Lieber

Rosarium Medenscheiddense

Wohl mancher, der die Gärten von Stefanie Langer und Beate Lieber besucht, wird vor Neid erblassen ob dieser großartigen Nachbarschaft. Kein Doppelstabgitterzaun trennt die Grundstücke penibel voneinander, nur ein paar niedrige Stecken und ein Gartentor. Natürlich hat jeder der Gärten seinen ganz eigenen Charakter. Bei Langers führen verschlungene Wege unter schattenspendenden Bäumen durch den Garten. Bei Liebers sind es besonders die vielen und oftmals skurrilen Kunstobjekte, mit denen der Garten gespickt ist.

Gemeinsam sind den beiden Frauen aber die Rosen. Zusammen werden sie ausgesucht und bestellt, und so ist über die Jahre ein wahres »Rosarium Medenscheiddense« entstanden. Die Sammlung umfasst mehr als 500 Historische, Englische und moderne Beet- und Strauchrosen, die von allerlei Begleitstauden und Kräutern umspielt werden. Beste Besuchszeiten sind das späte Frühjahr und der Frühsommer, wenn das Auge sich an den Farben nicht sattsehen kann und die Nase von Blütendüften betört wird. Riechen Sie an »Gertrude Jekyll«, für viele der Inbegriff des Rosendufts, oder lernen Sie die in kräftigem Gelb blühende »Graham Thomas« persönlich kennen.

Mit ihrer Rosenliebe haben die Frauen inzwischen den gesamten Ort angesteckt, und längst sind es nicht mehr nur ihre Gärten, in denen sie üppig blühen. Auch ein Rosenfest hat Medenscheid bereits mehrfach auf die Beine gestellt. Beim Gartenbesuch kann man prima fachsimpeln. Man tauscht sich über Pflanzenarten aus, die dem Klimawandel besser gewachsen sind, über ökologische Gartenbewirtschaftung oder worauf beim Kauf eines Insektenhotels zu achten ist. Und wenn Sie noch kein Gartenfreak sind – nach dem Besuch der Gärten Langer und Lieber sind Sie bestimmt mit dem Gärtnervirus infiziert.

Adresse Brunnenstraße 5 und 7, 55422 Bacharach-Medenscheid | **Anfahrt** von der B 9 in Mainzer Straße, scharf links in Rheinblickstraße, bis Medenscheid, in Bacchusstraße, rechts in Brunnenstraße | **Öffnungszeiten** Besichtigung nur nach telefonischer Anmeldung bei Stefanie Langer (Tel. 06743/90092) oder Beate Lieber (Tel. 06743/2712), Eintritt 2 Euro | **Tipp** Schauen Sie sich den Dorfplatz mit der alten Schule, der Dorflinde und dem Backes genauer an.

10 Der Weinautomat

Schoppen shoppen

Ein Weinautomat an sich ist sicher nichts Besonderes. Meist sind sie wie gewöhnliche Getränkeautomaten gestaltet, nur dass man sich anstelle einer Cola Zero ein Fläschchen Wein ziehen kann. Der Medenscheider Weinautomat aber sticht da schon heraus. Denn das, was man auf dem Willi-Borniger-Platz geschaffen hat, ist außergewöhnlich. Ein Picknicktisch und eine Liegebank stehen einladend so dicht am Hang, dass man von dort aus einen wunderschönen Blick auf den Rhein und die Insel Heyles'en Werth genießen kann. Das Insektenhotel sorgt dafür, dass auch die Natur es hier aushalten kann. Ein bemalter Stromkasten verkündet das Motto des Ortes: Rosen und Wein. Und dann ist da der Weinautomat, der ganz in Holz gehalten ist, wobei das Dach mit Fotovoltaik ausgestattet ist. Wären da nicht die Weinflaschen, die Bestimmung des Holzkastens wäre nur schwer zu erraten. Handelt es sich vielleicht um eine Wetterstation?

2013 hat der Medenscheider Wolfgang Frenzel dieses Unikat geschaffen. Neben der Tür hängt die Weinkarte, die große und kleine Flaschen bekannter Winzer aus der Umgebung enthält. Auch Mineralwasser gibt es zu erstehen, und das alles zu sehr fairen Preisen. Öffnet man die Tür, so erfährt man, dass man ohne Personalausweis oder Führerschein nicht weiterkommt. Nur wenn man das Ausweisdokument durch das blaue Kästchen zieht, das die Altersprüfung vornimmt, lässt sich die Klappe öffnen, unter der die gekühlten Getränke zu finden sind.

Diese Klappe, sehr treffend auch »Kellereingang« genannt, leuchtet dann grün auf, spielt eine Melodie und klickt hörbar. Nun steht dem Genuss nichts mehr im Weg, zumal auch ein Korkenzieher und Becher bereitstehen, falls man unvorbereitet am Weinautomaten vorbeigekommen sein sollte. Das Geld wirft man abgezählt in einen kleinen Tresor. Hier setzt man ganz auf Vertrauen und ist bis heute nicht enttäuscht worden. In diesem Sinne: »Zum Wohl!«

Adresse Fürstenbergstraße 29, 55422 Bacharach-Medenscheid | Anfahrt Von der B 9 in Mainzer Straße, scharf links in Rheinblickstraße, links in Fürstenbergstraße. Der Weinautomat steht gleich links auf dem Willi-Borniger-Platz. | Tipp Nach dem Picknick beim Weinautomaten bietet sich die Besichtigung des Dorfplatzes und der Gärten Langer und Lieber an.

11 Die Schieferhöhlen

Das Winterquartier des Großen Mausohrs

Man kann die Schieferhöhlen über den Rundwanderweg Stahlberg-Schleife, der im Bacharacher Malerwinkel beginnt, erwandern. Oder bis zur ersten Höhle mit dem Auto vorfahren. Den Weg hinein in die Höhle muss man nicht unbedingt wagen, um dem Zauber dieser faltigen und zerklüfteten Steinformation zu erliegen. Von Oktober bis April ist dies ohnehin verboten.

Die Höhlen wurden in das Schiefergestein hineingetrieben, um Baumaterial zu gewinnen. Bereits die Römer nutzten den Schiefer für ihre Bauten. Als die Herzoglich Nassauische Landesregierung im Jahr 1826 für Privathäuser feuerfeste Dächer vorschrieb, begann der Boom des Schieferabbaus in Kaub und Bacharach. Mitte der 1960er Jahre wurde die Produktion von Dachschiefer eingestellt. Die Konkurrenz durch den Kunstschiefer Eternit sowie billigere spanische Importware war zu groß geworden. 1970 wurde in Bacharach ein Schiefermahlwerk eingeweiht, um die Reste des Schieferabbaus zu verwerten.

Inzwischen haben die Schieferhöhlen eine sinnvolle Nachnutzung durch die Natur erfahren. In ihnen überwintern Fledermäuse der Art »Großes Mausohr«, lateinisch *Myotis myotis*. Deshalb darf man die Höhlen in der kalten Jahreszeit nicht betreten. Die größte Fledermausart Deutschlands steht unter Naturschutz und ernährt sich vor allem von am Boden lebenden Tieren wie Käfern, Spinnen und Hundertfüßern. Deshalb jagen die Fledermäuse auch in Bodennähe, wobei sie sich wahrscheinlich stärker auf ihr Gehör und ihren Geruchssinn verlassen als auf die Echoortung. Scherzhaft sagt man, diese typischen Kirchenfledermäuse verbrächten mehr Zeit in der Kirche als der Pastor.

So ist es auch in Steeg. Im Sommer wohnen die Tiere im Dachstuhl der Kirche St. Anna. Angeblich die größte Kolonie des Großen Mausohrs in Deutschland. In den Abendstunden kann man beobachten, wie die Tiere ausschwärmen und auf die Jagd gehen.

Adresse Borbachstraße, 55422 Bacharach-Steeg | Anfahrt In Bacharach von der B 9 in Marktstraße, weiter in Blücherstraße, in Steeg rechts auf Hinterweg, dann in Borbachstraße. Kurz hinter dem Abzweig zur Ruine Stahlberg liegt rechts ein Wanderparkplatz. Gegenüber beginnt der Weg, der zur ersten Höhle führt. | Tipp Besuchen Sie die Kirche St. Anna in Steeg, wo die Fledermäuse im Sommer wohnen.

12 Der alte Zolltisch

Auf ein Glas Wein mit Napoleon

Unscheinbar ist er, der alte Zolltisch, dabei hat der Mantel der Geschichte ihn berührt. Zweimal hat Napoleon Bonaparte das besetzte Rheinland besucht: in den Jahren 1804 und 1811. Ihm wurden große Ehrenbezeugungen entgegengebracht, viele sahen in Napoleon den Wiederhersteller von Ordnung und Religion und bewunderten ihn als Kriegshelden.

Am 16. September 1804 war es so weit: Der damalige Erste Konsul der Französischen Republik legte auf seinem Weg von Bonn nach Koblenz eine kurze Rast in Niederbreisig ein. Napoleon fuhr mit einer sechsspännigen Kutsche vor und wurde von Bürgermeister, Pfarrer und einer großen Bürgerschar begrüßt. Napoleon nahm am Kölner Tor, dem damaligen nördlichen Ortseingang, am Zolltisch Platz. Er trank ein Glas Elzenberger Rotwein, bevor er nach Koblenz weiterreiste. Die Familie Bleidt, deren Urahn bei der Veranstaltung als Steuerheber und Stadtrat Zeuge des Besuchs war, ist überzeugt, sich im Besitz des originalen Kelchs zu befinden, aus dem Napoleon damals getrunken hat. Mit dem Kelch wurden manche Scherze getrieben, nicht nur auf Karnevalspartys. Beim Besuch des preußischen Königs Friedrich IV. am 8. August 1845 ließ man ihn angeblich daraus trinken. Ausgerechnet aus demselben Glas wie der ehemalige Erzfeind. Wollten die Breisiger sich damit einen Scherz erlauben, oder war es das einzige standesgemäße Trinkgefäß, das zur Verfügung stand?

Wenn man einst Bad Breisig passierte, musste man ein Wegegeld entrichten. Das Zollrecht stand der Landesherrin und Äbtissin des Essener kaiserlich-freiweltlichen Damenstifts zu. Der Zolltisch selbst ist inzwischen umgezogen, er steht nicht mehr am Ortseingang, sondern fand passenderweise vor dem Restaurant Alter Zollhof einen neuen Platz. Das Fachwerkhaus von 1663 ist ebenfalls sehr sehenswert, und so kann man bei der Besichtigung des Zolltisches gleichsam zwei Fliegen mit einer Klappe schlagen.

Adresse Alter Zollhof, Rheinufer 4, 53498 Bad Breisig | Anfahrt von der B 9 in Bad Breisig in Rheinstraße, zu Fuß weiter rechter Hand zur Rheinufer-Straße | Tipp Auf der Rheinufer-Straße reiht sich Restaurant an Café, und man hat einen schönen Blick auf den Rhein und Bad Hönningen, der zum Verweilen einlädt.

13 Die Bohrstelle Geyrsprudel

Der Wasser-Pitter

Peter Lang war ein Hüttenarbeiter und Wünschelrutengänger aus Niederbieber, der sich mit Enthusiasmus der Erbohrung von Thermalquellen widmete. Dabei musste er viele Rückschläge hinnehmen. Nachdem er die vulkanische Quelle in Obermendig entdeckt hatte, erbohrte er die Hohenzollern-Quelle in Bad Hönningen. Die örtliche Kohlendioxidindustrie war von seinen Aktivitäten nicht begeistert. Nachdem die Quelle zu viel Wasser förderte, verbot sie ihm, das Wasser in den Rhein abzuleiten. Die verwüsteten Felder brachten die Bauern gegen Peter Lang auf, und er floh zu seinem Schwiegersohn nach Breisig.

Dort überzeugte er Maximilian von Geyr zu Schweppenburg, ein Grundstück in Niederbreisig zu erwerben, dem er großes Potenzial zutraute, auch wenn er hier bereits zweimal erfolglos gebohrt hatte. Im April 1914 hatte Lang, der inzwischen »Wasser-Pitter« genannt wurde, endlich Erfolg. Ihm gelang die Erbohrung einer 70.000 Liter stündlich schüttenden, 34 Grad Celsius warmen Thermalquelle. Eine zwölf Meter hohe Fontäne schoss aus dem Bohrloch, was mit Böllerschüssen gebührend gefeiert wurde. Die vorausgegangene zweijährige Tiefenbohrung war eine technische Meisterleistung. Pannen, wie der Abriss des Bohrmeißels oder die Verschiebung des Bohrlochs aus der Senkrechten, konnten den ehrgeizigen Forscher nicht aufhalten.

Heute speist der Geyrsprudel die Römer-Thermen. 1936 wurde das Heilbäderhaus Geyrsprudel erbaut, 1961 entstand daraus ein neues Thermalbad. Im Dezember 1991 schließlich wurde das Bad zu den Römerthermen umgebaut, einem modernen Wellnesstempel mit Saunalandschaft. Mit der erneuten Modernisierung im Jahre 2009 entstand das heutige römische Ambiente. Die Bohrstelle Geyrsprudel liegt versteckt hinter der Therme am Waldrand. Sie mutet an wie ein Teil einer chemischen Anlage und ist doch bis heute ein Grund dafür, dass Breisig den Status eines Kurbads hat.

Adresse Brunnenstraße, 53498 Bad Breisig | Anfahrt von der B 9 den Schildern zur Römertherme (Albert-Mertes-Straße 11) folgen, rechts in Brunnenstraße, hinter den Tennisplätzen führt ein Weg zur Bohrstelle | Tipp Der Besuch der Römertherme und ein Bad im Thermenwasser wären natürlich naheliegend.

14__Der Flugplatz Mönchsheide

Täuschend echte Holzmodelle

»Über den Wolken muss die Freiheit wohl grenzenlos sein. Alle Ängste, alle Sorgen bleiben darunter verborgen …« So sang Reinhard Mey in den 1970er Jahren. Wer diese ganz besondere Freiheit erleben möchte, kann bereits im zarten Alter von 14 Jahren mit der Segelflug-Ausbildung auf der Mönchsheide beginnen.

1970 wurde das Gelände vom Luftsportverein übernommen. Wer den Blick über die kurz gemähten Grasbahnen schweifen lässt, ahnt kaum etwas von der bewegten Vergangenheit des Plateaus oberhalb von Bad Breisig. 1937 begann der Reichsarbeitsdienst mit der Anlage der zwei heute noch existierenden Rollfelder. Man wollte damals einen Ausweichflugplatz für den Fliegerhorst Niedermendig errichten. Zu Kriegsbeginn war der Bau des Flughafens nur provisorisch abgeschlossen. Bei Erweiterungsarbeiten in den 1940er Jahren kamen auch russische Kriegsgefangene zum Einsatz. Es heißt, ihre schwermütigen Volkslieder hätten abends weithin hörbar über die Heide geklungen. Die Kriegsgefangenen schlugen eine große Schneise in den Hochwald, um Rollfeld und Anflugbahn zu verlängern. Von der Luftwaffe wurde der Flugplatz kaum genutzt, aber im Sommer 1942 entschloss man sich zu einer etwas hilflos anmutenden Aktion. Die Luftwaffe ließ zwölf Flugzeugattrappen aus Sperrholz bauen und anstreichen, sodass sie von oben wie zweimotorige Kampfflugzeuge aussahen. Man wollte den Alliierten damit eine Flugzeugübermacht vortäuschen.

Aber es half alles nichts, die Alliierten eroberten das Rheinland, zogen weiter Richtung Osten und stellten 1945 Haubitzen auf der Mönchsheide auf. Später errichteten sie eine Radarstellung. Zum Glück sind die kriegerischen Zeiten vorbei. So können wir im oder vor dem Flugplatzcasino Golems Inn sitzen, den Segelfliegern zuschauen oder den Geschichten rund um das Fliegen lauschen, die man sich hier erzählt.

Adresse Flugplatz, 53498 Bad Breisig | **Anfahrt** von der B 9 auf Vogelsangstraße, folgen, bis sie links in den Arweg übergeht, ihm sehr lange folgen, rechts in Hofgasse, rechts in Plenzergasse, rechts in Frankenstraße, dann die erste Straße links und wieder rechts, dem Weg bis zum Flugplatz folgen | **Tipp** Nach dem Besuch des Flugplatzes kann man wieder hinunter an den Rhein zum Märchenwald fahren, wo Modelle und Kulissen aus klassischen Märchen sowie ein Restaurant locken.

15 Das Mertés-Mausoleum

Der Hutkönig

Der Eingang erinnert an einen Tempel. Das runde Schieferdach wird von einer Jugendstil-Glaskuppel gekrönt. Ein Kreuz aus weißen, liegenden Achten, blau gefüllt, auf gelbem Untergrund, umschlossen von einem blauen Kreis. Das Kuppelfenster ist das Highlight des Gebäudes und taucht das Innere in mystisches Licht. Wände und Fußböden sind mit Marmor ausgekleidet, vier Särge aus Tuffstein stehen im Mausoleum. Errichtet wurde es 1911/12 auf dem ehemaligen Friedhof von dem Kölner Albert Mertés für seine früh verstorbene Tochter Mimi.

Mertés war als Hutfabrikant zu Reichtum gekommen, was ihm den Spitznamen »Hutkönig« einbrachte. Er betrieb in Köln eine Hutfabrikation mit mehreren Geschäften, unter anderem in der Schildergasse und in der Hohe Straße. Neben ihm und seiner Tochter fanden in dem Gebäude sein Sohn Albert Peter sowie sein Enkel Walter ihre letzte Ruhe. Mertés' Ehefrau starb 1950 und wurde in Wien beerdigt. Der Hutkönig hatte einen Sommersitz in Niederbreisig. Nach dem Ersten Weltkrieg machte er sich einen Namen als Gönner und Wohltäter des aufstrebenden Kurorts. Er half sozial schwachen Familien und spendete Geld für die Thermen. Mehrmals bekam Mertés es mit der Polizei zu tun, weil er homosexueller Handlungen beschuldigt wurde, die damals durch den Paragrafen 175 unter Strafe standen. Der Hutkönig bestritt die Vorwürfe stets und wurde letztlich freigesprochen. Überregional bekannt wurde er, als er sich gegen den Eintrag seines Namens in Düsseldorfer und Kölner »Rosa Listen« wehrte.

Während des Ersten Weltkriegs änderte Mertes die Schreibweise seines Namens und ließ den Akzent streichen, der über dem Eingang des Mausoleums in Stein gemeißelt ist. Tragisch, dass sein Sohn Albert Peter mehrfach wegen Verstößen gegen den Paragrafen 175 verhaftet wurde. 1942 kam er im Konzentrationslager Sachsenhausen unter ungeklärten Umständen ums Leben.

Adresse Koblenzer Straße 35, 53498 Bad Breisig | Anfahrt B 9 (Koblenzer Straße) bis zur Hausnummer 35 | Öffnungszeiten in der Regel tagsüber geöffnet | Tipp Der Kurpark Bad Breisig zieht sich bis zum Rheinufer und bietet vielfältige Möglichkeiten. Auf kleinen Infotafeln kann man sich über Identität und Herkunft der Bäume informieren, es gibt einen Kinderspielplatz, eine Minigolfanlage und einen Biergarten.

16_Die Vinxtbachmündung

Helau oder Alaaf?

Kurz vor seiner Mündung in den Rhein wird er von der Wagram-Brücke überquert, die in napoleonischer Zeit erbaut und 1813 eingeweiht wurde. An der Flussmündung wird im Sommer gern gegrillt. Und sonst? Ist der 19 Kilometer lange Vinxtbach ein unbedeutendes Eifelflüsschen. Doch das stimmt nicht ganz, denn obwohl er kein unüberwindbares Hindernis darstellt, ist er ein echter Grenzfluss.

Seit der Eroberung Galliens durch Julius Caesar war das linksrheinische Gebiet Teil des Römischen Reichs. Der Vinxtbach bildete die Grenze zwischen den Provinzen Obergermanien mit der Hauptstadt Köln und Niedergermanien mit Mainz als Hauptstadt. Die römische Rheintalstraße führte über eine Furt durch den Vinxtbach. Am Ausgang des Vinxtbachtals lag eine Schenke mit dem Wirtshausschild »ad Fines«, zu den Grenzgottheiten. Es ist sicher kein Zufall, dass auf der anderen Rheinseite, direkt gegenüber der Vinxtbachmündung, der Obergermanisch-Raetische Limes begann.

Zu römischer Zeit lebten nördlich des Bachs die Ubier, ein urgermanischer Stamm, und südlich des Flusses die keltisch-germanischen Treverer. Im Mittelalter bildete der Vinxtbach zeitweise die Grenze zwischen den Herzogtümern Ober- und Niederlothringen. Der Vinxtbach war also lange ein Grenzfluss – und das ist er gewissermaßen noch heute. Nämlich eine Dialektgrenze.

Die »Vinxtbach-Linie« markiert die Grenze zwischen dem nördlichen ripuarischen und dem südlichen moselfränkischen Dialekt. Das hochdeutsche »Schau mal« heißt südlich des Flusses »Kukemado«, während man nördlich davon »Lurens« ausruft. Man kann ihn auch als Biergrenze bezeichnen, denn nördlich des Flusses trinkt man Kölsch aus schlanken Gläsern, südlich davon genehmigt man sich lieber ein gepflegtes Pils. Es ist nicht wissenschaftlich belegt, dass der Vinxtbach auch die Grenze zwischen Alaaf und Helau darstellt, aber was am Karneval ist schon Wissenschaft?

Adresse L 87, 53498 Bad Breisig | **Anfahrt** Von der B 9 auf die L 87 Richtung der Fähre Bad Breisig–Bad Hönningen abbiegen. Ein Fußweg rechts am Rhein entlang führt zur Vinxtbachmündung. | **Tipp** Wenn man die L 87 auf der anderen Seite der B 9 zurückfährt und links in die Rheinecker Straße abbiegt, findet man einen römischen Grenzstein, der die Grenze zwischen Ober- und Niedergermanien markiert.

17 Das alte Schwimmbad

Pack die alte Badehose ein

Vergilbt sind die historischen Postkarten, auf denen man Männer und Frauen in Badeanzügen auf den Steinstufen sitzen sieht, die zum Schwimmbecken des Bad Hönninger Freibads herunterführten. Phantastisch muss der Blick von hier aus auf den Rhein gewesen sein. Wenn man heute in Bad Hönningen baden möchte, kann man das in der hochmodernen Thermen- und Saunalandschaft der Kristall Rheinpark-Therme gleich nebenan. Von Infrarotkabinen über ayurvedische Anwendungen bis hin zu Außensaunen, die wie Hausboote auf der grünen Wiese ankern, bleibt kein Wunsch offen. Der Blick aus den Außenanlagen der Therme wird sich nicht wesentlich von dem unterscheiden, den man damals aus dem Freibad heraus hatte. Aber die Ursprünglichkeit und Einfachheit des alten Bads wird manch alteingesessener Hönninger schmerzlich vermissen.

Dort, wo mancher seine ersten Schwimmzüge getan oder seiner Jugendliebe den ersten Kuss auf den Mund gedrückt hat, findet man heute kein Wasser mehr. Dafür gibt es den Biergarten »Am alten Schwimmbad«. Beate Ahlemeier betreibt die Anlage, in der regelmäßig Forellen geräuchert werden, Konzerte oder das Pfingstspektakulum mitsamt Ritterkämpfen und Falkner stattfinden. Und doch, wenn man im überdachten Biergarten sitzt und den Blick Richtung Rhein schweifen lässt, gehört nicht viel Phantasie dazu, sich das bunte Treiben im ehemaligen Freibad vorzustellen. Historische Schwarz-Weiß-Aufnahmen an den Terrassenwänden helfen dem Vorstellungsvermögen auf die Sprünge.

Einst wurde das Schwimmbad mit braun gefärbtem Thermalwasser betrieben. Dem mineralreichen Wasser der Bad Hönninger Therme wurden positive Wirkungen auf das Herz-Kreislauf-System und bei rheumatischen Beschwerden nachgesagt. Bevor man darin baden ging, bekam man den gut gemeinten Ratschlag, besser einen alten Badeanzug anzuziehen, sonst könne er durch das braune Thermalwasser unbrauchbar werden.

Adresse Allee St. Pierre Les Nemours, 53557 Bad Hönningen | Anfahrt von der B 42 in Hauptstraße, links in Walther-Feld-Straße, rechts in Hauptstraße, links in Auf dem Plänzer, rechts auf Rheinallee, links in die Allee St. Pierre Les Nemours | Öffnungszeiten April – Okt. (je nach Wetterlage), Infos: am-alten-schwimmbad.de | Tipp Wenn Sie Lust auf ein wenig Kultur haben, gehen Sie durch den Rheinpark zurück auf die Hauptstraße. Unter der Nummer 52 finden Sie die evangelische öffentliche Bücherei in der Trinitatiskirche.

18 Die Bärenunterführung

Art Color

Geht man offenen Auges durch das Zentrum von Bad Hönningen, so trifft man auf einen eigenwilligen Stilmix. Das neugotische Schloss Arenfels blickt von oben auf die Stadt herab. Fachwerkgeschmückte Cafés und Restaurants laden zum Verweilen ein, und Gebäude wie der Tempelhof stammen aus dem Mittelalter. Aber die Stadt hat auch ein ganz anderes Gesicht, und dieses offenbart sich im neumodischen Rathaus – oder auf dem Bärenplatz.

Hier dreht sich alles um den pelzigen Gesellen, es gibt ein Hotel zum Bären und ein Bärenrestaurant. Auf dem Platz steht auf einer Anhöhe eine aus heimischer Basaltlava geschaffene Bärenskulptur auf dem Brunnen. Drum herum stehen Bänke. Die kleine Parkanlage wurde 1935 von Carl Burger gestaltet, damals ein bekannter Bildhauer, der auch Brunnenanlagen in Aachen, Bonn und Koblenz entworfen hat. Vom Hügel des Bären fließt Wasser eine steinerne Treppe hinunter, dazwischen wachsen Weinreben. Wenn man vom Bärenbrunnen aus die Innenstadt erreichen möchte, muss man zwei Straßen sowie die Bahnlinie unterqueren. Dazu dient die Bärenunterführung, von manchen auch, durchaus treffend, Bärenloch genannt. Hier bekommt das kleine Bad Hönningen plötzlich das Gepräge einer Millionenmetropole. Beton dominiert, schon im Eingang leuchten orangefarbene Fliesen.

Ein paar Meter weiter aber wird es noch bunter. Ein Regenbogen leuchtet über grünen Hügeln, Pferdeköpfe schauen neugierig, und jede Menge bunter Fische schwimmen über die Betonwand. Es ist den Künstlern der Gruppe Art Color zu verdanken, dass die Bärenunterführung zu einer Art lebendiger Street-Art geworden ist. Lebendig insofern, als immer wieder neue Gemälde hinzukommen und natürlich auch beharrlich übermalt wird, wenn die Kunstwerke mal wieder verunstaltet wurden. Somit lohnt es sich, durch die Unterführung zu schlendern und nach neuen Werken Ausschau zu halten.

Adresse Am Bärenplatz, 53557 Bad Hönningen | **Anfahrt** von der B 42 in Hauptstraße, vor der Gemeindeverwaltung parken, zu Fuß links in Bischoff-Stradmann-Straße, links in Neustraße | **Tipp** Nur ein paar Meter vom Bärenplatz entfernt liegt das Feinkostgeschäft Stirnberg, das am Platz auch eine kleine Ausstellung zeigt. Hier finden Sie sicher ein kulinarisches Mitbringsel.

19 Das Hohe Haus

Das zweiköpfige Kalb

Wie ein brauner Monolith steht das Hohe Haus in der Hauptstraße und ist so unscheinbar, dass man an ihm beinahe achtlos vorübergehen könnte. Dabei ist es das älteste profane Gebäude der Stadt.

Der mittelalterliche Wohnturm wurde im 15. Jahrhundert über einem Gewölbekeller errichtet. Vom 17. bis 19. Jahrhundert fanden umfangreiche Umbauarbeiten statt, der spätgotische Turm wurde in ein repräsentativeres Gebäude verwandelt. Das war auch nötig, schließlich war das Haus der Sitz der Amtsmänner. In dieser Zeit entstand eine hölzerne Spindeltreppe mit Seltenheitswert, deren Achse korkenzieherartig aus einem einzigen Eichenstamm herausgeschlagen wurde. Auch die Kölner Decke wurde Ende des 18. Jahrhunderts im zweigeschossigen Anbau eingezogen. Lehmwickel und Holzbalken wurden mit Lehm verputzt und anschließend mit Kalkstuck verschönert.

Dass die Amtsmänner das Schloss Arenfels vom Hohen Haus aus durch einen unterirdischen Gang erreichen konnten, ist eine gern erzählte Geschichte. Zwar hat man bei Ausgrabungen Fundamente einer älteren Bebauung gefunden, und einen guten Draht zum Schloss hatten die Beamten sicherlich auch, aber der Gang wurde bis heute nicht entdeckt. 1996 kaufte der Heimatverein das Haus und gestaltete es zum heutigen Heimatmuseum um. Besichtigt man es Stockwerk für Stockwerk, findet man allerlei Kurioses und Sehenswertes, wie man es in einem solchen Museum erwartet. Fast quillt es über von all den Fundstücken, die über die Jahre zusammengetragen wurden.

Im Dachgeschoss schließlich kann man das Gruseln lernen, denn hier wird ein zweiköpfiges Kalb ausgestellt. Es stammt ursprünglich aus Roßbach an der Wied, wurde auf Kirmessen gezeigt und geriet in Vergessenheit, bis es nach Bad Hönningen gelangte. Bei Bedarf kann man sich im Hohen Haus auch trauen lassen, denn das Museum ist nebenbei eine Außenstelle des Standesamtes.

Adresse Hauptstraße 162, 53557 Bad Hönningen | Anfahrt von der B 42 auf Hauptstraße | Öffnungszeiten Besichtigung nach Absprache mit Willi Schüller, Tel. 02635/924419 | Tipp In der Hauptstraße gibt es weitere sehenswerte Gebäude wie den Tempelhof von 1741 (Nr. 145) oder das alte Stadtweingut (Nr. 182).

20 Der alte Schafstall

Das Versteck der Raubmörder

Um zum Schafstall auf dem Eierberg zu kommen, muss man die Wanderschuhe anziehen. Man kann ihn über die Traumschleife Marienberg erreichen. Die Strecke ist 11,8 Kilometer lang und der offizielle Start das Parkdeck Marienberg. Man durchwandert den Marienberger Park, den Wald und Streuobstwiesen und findet zum Beispiel alte Schützenhäuser am Weg, die wie astronomische Observatorien aussehen. Oder man parkt das Auto am Ende der Bopparder Parkstraße und wandert von dort zum Schafstall.

So verfallen, wie die Hütte heute ist, würde sie wohl kaum noch als Versteck herhalten können. Aber einen Schauer jagt sie einem noch immer über den Rücken. Genau hier hat sich ein fünfköpfiges Verbrecherteam versteckt, das am 14. Februar 1962 die Kreissparkasse in Winningen überfallen hatte, wobei ein Mensch getötet wurde. Ein Großaufgebot der Polizei spürte die Räuber in der Hütte auf und verhaftete alle, bis auf den Kopf der Bande, Dieter Freese. Der 22-Jährige hatte es auf spektakuläre Weise geschafft, zu entkommen. Anschließend wurde nach dem Bandenchef bundesweit gefahndet, die Verfolgungsjagd ging durch alle Medien. Mehrmals schaffte es Freese, seinen Verfolgern im letzten Moment zu entwischen. Am 1. März versuchte ein Polizeibeamter, ihn in der Nähe von Königswinter zu verhaften. Es gelang Freese, den Polizisten zu entwaffnen, zu fliehen und den Diensthund mit der Polizeipistole zu erschießen.

Eher zufällig wurde er am 9. März in der Nähe der tschechoslowakischen Grenze aufgegriffen. Er wurde verurteilt und kam in die Justizvollzugsanstalt Diez, von wo ihm am 1. Februar 1989 die Flucht gelang. Abermals war Freese in den Schlagzeilen. Gefunden wurde er zwölf Tage später, schlafend ausgerechnet in dem Schafstall auf dem Eierberg. 1992 konnte er abermals aus Diez fliehen und wurde erst zwei Monate später aufgegriffen. 1993, nach 30 Jahren Haft, wurde Freese entlassen.

Adresse Parkstraße, 56154 Boppard | **Anfahrt** Von der B 9 auf Heerstraße, rechts auf Am Alten Posthof, links in Simmerner Straße, über die L 209 rechts in Marienberger Straße, der Straße folgen, bis sie in die Parkstraße übergeht. Kurz vor dem Ende der Parkstraße geht rechts ein Wanderweg hoch zur Traumschleife Marienberg, dort rechts zum Schafstall. | **Tipp** Die Wanderung auf der Traumschleife Marienberg führt zum Marienberger Park, wo es einst eine Kaltwasserheilanstalt gab und heute ein Landschaftspark ist.

21 Die bemalten Stromkästen

Street-Art à la Boppard

Bemalte Stromkästen sind heute sicherlich keine Sensation mehr, sie finden sich mittlerweile in den meisten deutschen Städten. Oftmals sind sie mit Graffitis verziert, manchmal hat sich eine Schule oder ein Kindergarten ihrer angenommen. In Boppard aber wollte man nicht nur einfach mehr Farbe in die Stadt bringen.

2009 wurde das örtliche Thonet-Museum geschlossen, weil es über mehrere Jahre renoviert werden sollte. Michael Thonet stammt ursprünglich aus Boppard. Dort machte er in seiner Werkstatt die ersten Experimente mit dem Biegen von Holz. 1842 ging er nach Wien, um seine Firma zu gründen und 1859 mit dem Stuhl Nummer 14, dem sogenannten Wiener Kaffeehaus-Stuhl, seinen wirtschaftlichen Erfolg einzuleiten. Als das Bopparder Thonet-Museum geschlossen war, wurde immer wieder die Frage gestellt, wo man die Stühle eigentlich besichtigen könne.

Der Verkehrs- und Verschönerungs-Verein (VVV) schließlich war es, der die Idee hatte, die berühmten Stühle auf Stromkästen zu malen. Der Vorsitzende des VVV, Heinz Kähne, ist ein ausgewiesener Thonet-Experte. So stellte man die erforderlichen Anträge, entfernte Aufkleber und grundierte die Kästen. Michael Günster schuf zusammen mit VVV-Kollegen die Gemälde. So entstand ein Zyklus von zwölf detailgetreu bemalten Kästen, die jeweils auch die Modellnummer der Stühle zeigen. Zu besichtigen an vielen Stellen der Bopparder Innenstadt.

Inzwischen hat man sich eines weiteren Werkzyklus angenommen und bemalt nun Kästen mit den Motiven der traditionellen Nachbarschaftsfahnen. Die Geschichte dieser einstigen Brunnen-, Verteidigungs- oder Zweckgemeinschaften geht bis ins Mittelalter zurück. Die originalen Fahnen findet man im Seitenschiff der Karmeliterkirche. So geht es also weiter mit der Street-Art à la Boppard, die die Stadt nicht nur bunter macht, sondern immer auch einen Teil ihrer Historie auf profane Stromkästen pinselt.

Adresse Eltzerhofstraße, 56154 Boppard | Anfahrt von der B 9 in Heerstraße, links in Karmeliterstraße, rechts in Eltzerhofstraße | Tipp Besuchen Sie das Thonet-Museum in der Kurfürstlichen Burg (Stadtmuseum, Burgplatz 2).

22 Die Eisbreche

Als der Winter seinen Namen noch verdiente

Die Eisbreche war einst an die nordöstliche Ecke der Bopparder Stadtmauer gebaut und ragte als Buhne in den Rhein. Sie sollte die Stadt bei Hochwasser und Eis vor der starken Strömung des Rheins schützen. Durch die Eisbreche verlief an der Rheinpromenade das Sandtor, ein mehrgeschossiger Turm. Das wissen wir deshalb, weil ein Bild des rheinromantischen Malers William Turner mit dem Motiv erhalten ist. Am äußeren Ende der Eisbreche befand sich eine Statue des heiligen Johannes von Nepomuk, des Brückenheiligen und Patrons der Schifffahrer.

Als die Figur im Jahr 1847 aufgrund von Verwitterung herabstürzte, wurde sie durch eine gotische Aussichtskanzel ersetzt. Der Kopf des Heiligen liegt heute im städtischen Museum, ist aber leider nicht zu besichtigen. Anfang des Jahres 1880 wurde die Eisbreche abgerissen. Kurioserweise deshalb, weil man starken Eisgang auf dem Rhein erwartete. Inzwischen war man zu der Überzeugung gelangt, dass die Eisbreche die Stadt nicht etwa vor dem Strom des Rheins schütze, sondern ihn direkt auf die Stadt zuleite. Da das Sandtor stehen bleiben musste, wurde die Kanzel 1879 an das Tor gebaut und erinnert bis heute an die ehemalige Eisbreche. Mancher, der an der Rheinpromenade vorbeigeht, wird sich wundern, wozu die Kanzel gut sein mag. Und wer von der Eisbreche hört, wird sich vielleicht fragen, wann es zum letzten Mal so richtig Eis auf dem Rhein gegeben hat.

Das war im Winter 1962/63. Damals musste man mit Eisbrechern dafür sorgen, dass eine schmale Fahrrinne verblieb und keine geschlossene Eisdecke entstand. Nicht nur der Klimawandel sorgt dafür, dass wir solche Zustände am Rhein nicht mehr fürchten müssen. Die warmen Abwässer von Fabriken und Kraftwerken sowie der dadurch gestiegene Salzgehalt verhindern ebenfalls das Einfrieren. Die Eisbrecher im Rhein, ob Schiffe oder steinerne Buhnen, sind inzwischen alle außer Dienst.

Adresse Rheinallee 22–23, 56154 Boppard | Anfahrt von der B 9 in Mainzer Straße, rechts auf Michael-Bach-Straße, links auf Rheinallee | Tipp Besichtigen Sie die römische und mittelalterliche Stadtmauer mit dem Binger Tor (am Ende der Binger Gasse).

23 Die Entsäuerungsanlage

Einmal bleifrei bitte

Traumschleife Marienberg nennt sich der Wanderweg, der im Marienberger Park beginnt und zunächst den Bruder-Michels-Bach hinaufführt. An einer Holzbrücke über den Bach finden wir die von Efeu umrankte alte Entsäuerungsanlage, deren Beton durch das Moos schon grün geworden ist. Mit einer rostigen Stahltür ist das bunkerartige Gebilde verschlossen, auf Kopfhöhe befindet sich ein Sehschlitz. Wer Handy oder Taschenlampe dabeihat, der kann wie ein neugieriges und unerschrockenes Kind hineinleuchten, um dem Geheimnis der Anlage näherzukommen.

Die Entsäuerungsanlage wurde 1921/22 gebaut und war Teil der städtischen Wasserversorgung. 1894 begann man in Boppard mit dem Bau eines Wasserwerks, das zunächst 400 Häuser bedienen konnte. Doch der Wasserbedarf der Stadt stieg stetig, also musste die Versorgung erweitert werden. Die Saustiebelsquelle in der Nähe der heutigen Autobahn 61 wurde erschlossen, und von dort aus wurden Rohre bis zur Entsäuerungsanlage geführt. In der Anlage wurde das Quellwasser von Schwebstoffen gereinigt und anschließend über mit Dolomitkalk-Kies gefüllte Becken geleitet, um den pH-Wert anzuheben. Dieser Prozess war nötig, um zu verhindern, dass das saure Wasser giftige Schwermetalle aus den Rohrleitungen löste, die sonst in das Trinkwasser gelangt wären. Von der Entsäuerungsanlage aus wurde das aufbereitete Quellwasser durch Rohre, die unterhalb des Fußwegs am Bruder-Michels-Bach verliefen, hinunter nach Boppard geleitet. Dort wurde es in den Hochbehälter »Auf Proffen« gepumpt, der auch heute noch existiert. Vom Hochbehälter aus wurde das Wasser in das Bopparder Leitungsnetz eingespeist.

Die moderne Trinkwasserverordnung schreibt einen pH-Wert zwischen 6,5 und 9,5 vor. Wird dieser Wert unterschritten, muss auch heute noch entsäuert werden. Nur geschieht dies freilich nicht mehr in so romantischen Anlagen wie im Bruder-Michels-Tal.

Adresse Simmerner Straße (L 210), 56154 Boppard | **Anfahrt** von der B 9 auf Heerstraße, an der ersten Querstraße rechts, um auf Heerstraße zu bleiben, rechts auf Am alten Posthof, weiter auf Simmerner Straße und die L 210, in der Haarnadelkurve parken, von dort führt der Fußweg direkt zur Entsäuerungsanlage | **Tipp** Die Wanderung durch das Bruder-Michels-Tal ist wunderschön. Folgen Sie einfach dem Rundwanderweg Traumschleife Marienberg.

24 Der Hexentanzplatz

Walpurgisnacht

Man muss weit in den Wald hineingehen, um den Hexentanzplatz zu finden. Ruhig liegt der kleine Löschteich, im dunkelgrünen Wasser spiegeln sich Himmel, Wolken und Blätter. Der Platz ist mit Holzbänken, einem Picknicktisch sowie einer dunkelbraunen Holzfigur ausstaffiert. Die Hexe entspricht den gängigen Klischees: mit überdimensionaler Hakennase, spitzem Hut und ihrem Fortbewegungsmittel, dem obligatorischen Besen. Bei der Quelle des Steinigbachs, der sich hinunter in das Mühltal schlängelt, sollen einst die Hexen getanzt haben. Oder tanzen sie immer noch? Nach altem Volksglauben versammeln sie sich in der Walpurgisnacht vom 30. April zum 1. Mai. Was so märchenhaft und idyllisch daherkommt, hat jedoch einen eher traurigen Hintergrund.

Im 15. Jahrhundert griff auch im Bopparder Raum ein Irrglaube um sich, den man heute wohl als Verschwörungstheorie bezeichnen würde. Man verbreitete die Mär von einer »Sekte der Hexen«. Sie bete den Teufel an, könne mit Hilfe Satans zu ihren Versammlungsplätzen fliegen und besitze die Fähigkeit, in den Lauf der Natur einzugreifen. Mit dem »Hexenhammer«, dem Buch des Dominikaners und päpstlichen Inquisitors Henricus Institoris, wurde die Lehre verbreitet.

In der ersten Welle der Hexenprozesse wurden in Boppard um die 30 Menschen hingerichtet. Ende des 16. Jahrhunderts gab es nochmals eine massive Hexenverfolgung, auch am Mittelrhein, weil man die damalige Serie von Missernten mit Leichtigkeit den Hexen in die Schuhe schieben konnte.

Während der Hexenprozesse forderten die Richter die Angeklagten dazu auf, die Hexentanzplätze zu nennen und weitere Teilnehmer der Treffen zu denunzieren. Heute scheint dies zum Glück alles weit weg. So kann man entspannt am Waldsee sitzen und seine Gedanken schweifen lassen – oder ein Selfie mit einer Holzhexe machen, die ein Forstwirt mit der Kettensäge geschnitzt hat.

Adresse Bundesstraße 327, 56154 Boppard | Anfahrt von der A 61 die Ausfahrt Richtung Waldesch / Koblenz nehmen, der B 327 folgen und am Wanderparkplatz parken, zu Fuß in die Straße rechts, an der nächsten Biegung links in den Waldweg bis zum Hexentanzplatz | Tipp Am größeren Parkplatz weiter nördlich an der B 327 findet man eine weitere geschnitzte Holzfigur.

25 Das Humperdinck-Schlösschen

Hänsel und Gretel

Versteckt hinter Bäumen am Hang des Kreuzbergs oberhalb der Stadt liegt die Jugendstilvilla, in der einst der berühmte Komponist wohnte. Unterhalb findet man einen Gedenkstein. Tritt man näher an die Villa heran, so steht man vor einem repräsentativen hell gestrichenen Konglomerat. Ende der 1870er Jahre wurde es gebaut und später an Engelbert Humperdinck verkauft, der hier von 1897 bis 1911 lebte. Seit 1901 hatte der Komponist allerdings seinen Hauptwohnsitz in Berlin und nutzte die Bopparder Villa nur noch als Sommerresidenz.

Geboren wurde Humperdinck 1854 in Siegburg. Früh begann er zu komponieren, studierte in Köln und München. Er war ein leidenschaftlicher Anhänger von Richard Wagner, als dessen Assistent er für kurze Zeit nach Bayreuth ging. Dass er zur Uraufführung zwei Partiturseiten »Parsifal« hinzukomponieren durfte, war sein größtes Lob. Musikalische Erfolge konnte Humperdinck bereits früh feiern. Aber erst die Märchenoper »Hänsel und Gretel«, die 1893 in Weimar unter der Leitung von Richard Strauss uraufgeführt wurde, verhalf ihm zum Durchbruch. Die Oper war ein Überraschungserfolg und machte ihn quasi über Nacht zum Millionär. Sie wurde auf mehr als 50 Bühnen gespielt, erhielt weltweit Anerkennung und gehört heute noch zum Repertoire großer Opernhäuser.

Der Erfolg dieses Werks war es auch, der es Humperdinck ermöglichte, die Bopparder Villa zu kaufen und sich fortan ausschließlich der Komposition zu widmen. Humperdinck schuf weitere erfolgreiche Werke, wie die Oper »Königskinder«, die in New York uraufgeführt wurde. Sie wurde damals als »die wichtigste Oper seit Wagners ›Parsifal‹« gefeiert. Er starb 1921 infolge eines zweiten Schlaganfalls. Einer seiner berühmtesten Schüler war Kurt Weill. Besonders nah kann man dem Komponisten in Boppard kommen, wenn man sich in der Ferienwohnung im Souterrain des Humperdinck-Schlösschens einmietet.

Adresse Humperdinckstraße 25, 56154 Boppard | Anfahrt von der B 9 ins Mühltal, sofort links in Kalmuter Weg, links in Flogtstraße, rechts in Gedeonstraße, links in Humperdinckstraße | Öffnungszeiten nur von außen zu besichtigen | Tipp Fährt man die Humperdinckstraße weiter in die Sabelstraße, liegt in der Kurve der Zugang zum Haus Sabelsberg (Sabelstraße 27). Das burgartige Anwesen mit Park wird heute von der Fazenda-Gemeinschaft bewohnt.

26 Der Kiosk Decker

Kult-Kiosk am Rheinufer

Kiosk, Trinkhalle, Büdchen, Späti … Wenn die Deutschen so viele verschiedene Ausdrücke für das Gleiche verwenden, dann lieben sie es – ganz wie beim Brötchen, der Semmel, dem Weckle. Das heißt aber auch, dass es vielfältige regionale Ausprägungen gibt, da sind sich Gebäck und Verkaufsstand ähnlich.

Der Kiosk, den Frank Decker in dritter Generation betreibt, ist ein prototypisches Exemplar seiner Zunft. Neumodisch ist sie jedenfalls nicht, die kleine Bretterbude mit dem roten Kiosk-Schriftzug, an dem es Wander- und Postkarten, Eis, Süßigkeiten, Modellautos und gekühlte Getränke zu kaufen gibt. Etwas abseits steht er, am Rand des Parkplatzes vor der Karmeliterkirche, aber doch in Sichtweite des Rheins. Und der langen Fress- und Trinkmeile am Rheinufer, die Einheimische schon mal scherzhaft als »die längste Theke am Mittelrhein« bezeichnen. Decker sagt, dass der Kiosk ihn nicht reich mache, aber er könne davon leben. Seine Kunden sind hauptsächlich Touristen, die am Rheinufer vorbeikommen. Im Sommer sitzt er manchmal mit ein paar Freunden und Bekannten auf Getränkekisten hinter dem Kiosk und tauscht sich über den neuesten Tratsch aus. Wenn ein Kunde auftaucht, steht er aber sofort parat.

Decker hat Versicherungskaufmann gelernt und auch zunächst als solcher gearbeitet. Als sein Bruder aus Boppard wegzog, entschloss er sich, dem Stress in der Versicherung »Tschüss« zu sagen und stattdessen den Familienkiosk zu übernehmen. Und jetzt genießt er es, sein eigener Herr zu sein. Im Winter schließt er den Kiosk für ein paar Monate und fährt in den Urlaub. Manchmal fährt er in dieser Zeit auch Taxi oder kellnert. Wenn Frank Decker auf die Neugestaltung der Bopparder Rheinpromenade im Zuge der Bundesgartenschau 2029 blickt, macht sich bei ihm Skepsis breit. Wir können nur hoffen, dass uns der Kult-Kiosk am Rheinufer noch lange erhalten bleibt!

Adresse Karmeliterstraße (Parkplatz), 56154 Boppard | **Anfahrt** Von der B 9 auf Heerstraße, an der ersten Querstraße rechts abbiegen, um auf Heerstraße zu bleiben, links in Karmeliterstraße. Zwischen Kirche und Rheinallee liegt der Parkplatz. | **Tipp** Eine weitere eigenwillige Adresse in Boppard, weniger als fünf Minuten entfernt, ist »The Christmas Shop« in der Oberstraße 120. Hier ist ganzjährig Weihnachten.

27 Das Kolumbarium

1.100 Bestattungsplätze

Früher war es das Privileg des Adels, in einer Kirche die letzte Ruhe zu finden. Auch heute fasziniert dieser Gedanke viele Menschen. Als das Kolumbarium in der Karmeliterkirche im August 2017 eingesegnet wurde, rechnete trotzdem kaum jemand mit dem großen Zuspruch, den die Begräbnisstätte heute erhält.

Die Kirche wurde um 1300 von den Bettelmönchen des Karmeliterordens erbaut und gehörte zu dem angrenzenden Kloster, in dem heute die Stadtverwaltung sitzt. Wenn man von der wuseligen Rheinpromenade aus die Kirche betritt, wähnt man sich in einer Kunstsammlung, so viele Schätze sind hier versammelt. Unter der Orgelempore findet sich das moderne Highlight der Karmeliterkirche: das Kolumbarium. In Deutschland die bislang einzige Begräbnisstätte in einer aktiven Kirche. Nicht alle waren von der Idee begeistert, aber die Gemeinde setzte sich gegen die anfängliche Skepsis der bischöflichen Verwaltung durch und schrieb einen Architekturwettbewerb aus. Ursprünglich wollte man das Kolumbarium im Seitenschiff platzieren, aber die Architektin, die die Ausschreibung gewann, hatte eine andere Idee. Sie setzte die Begräbnisstätte unter die Orgelempore, um den Charakter der Kirche zu bewahren. Hier finden sich nun 720 Kammern, die Platz für bis zu 1.100 Urnen bieten.

Im Vorraum des Kolumbariums empfängt eine Madonna mit Jesuskind den Besucher. Die Gitterwand, die die Urnen zu beiden Seiten abtrennt, besteht aus 40.000 Elementen und wurde mit dem Computer generiert. Sie nimmt Elemente der berühmten Kirchenfenster auf, die während der Säkularisation verkauft wurden. Betritt man das Kolumbarium, sieht man inmitten der mit Messingkreuzen verschlossenen Steinplatten die Pietà aus dem 15. Jahrhundert. Voller Schmerz schaut die Madonna auf den Leichnam ihres toten Sohns. Der Ort fasziniert sofort, und so wundert es nicht, dass sogar Kölner hier beerdigt werden wollen.

Adresse Karmeliterstraße, 56154 Boppard | Anfahrt Von der B 9 auf Heerstraße, an der ersten Querstraße rechts, um auf Heerstraße zu bleiben, dann links in Karmeliterstraße. Zwischen Kirche und Rheinallee liegt ein Parkplatz. | Tipp In fünf Minuten ist man zu Fuß beim Weinhaus Heilig Grab mit seinem sehr einladenden Kastaniengarten (heiliggrab.de).

28 Die Liesenfeld-Hütte

Trainspotting

Wenn man die Schutzhütte mit dem phantastischen Ausblick über den Wanderweg erreicht hat, grüßt ein Stein mit der Aufschrift »Liesenfeld's Hütte«. Das ist der Grabstein des 1993 verstorbenen Revierförsters Erich Liesenfeld. Nach der Auflösung des Grabs versetzte man den Stein kurzerhand hierhin, änderte die Beschriftung und verschaffte ihm so eine würdige neue Bestimmung. Vor der Hütte befinden sich wunderbare Aussichtspunkte hinunter in die Hubertusschlucht und auf das gleichnamige Viadukt, auch bequem von einer der Bänke aus zu genießen. In der Hütte hängt der Fahrplan der Hunsrückbahn aus, übrigens mit einer einkalkulierten Verspätung von ein bis zwei Minuten. Spätestens jetzt weiß man, womit man es zu tun hat: mit einem Trainspotting-Platz.

Die Hunsrückbahn wurde 1908 eröffnet und führte einst von Boppard nach Simmern. Der Bau der Strecke durch den Hunsrück war technisch sehr anspruchsvoll. Die Kosten für den steilen Abschnitt zwischen Boppard und Buchholz waren achtmal so hoch wie für das Teilstück zwischen Kastellaun und Simmern. Mehrere Arbeiter und Zuschauer kamen während der Arbeiten ums Leben oder wurden verletzt. Heute verkehren die blau-weißen Züge der Transdev nur noch auf der Strecke von Boppard bis nach Emmelshausen und benötigen für die 15 Kilometer bei der Hinfahrt 24 Minuten und 26 Minuten bei der Rückreise. Die Hunsrückbahn gilt als die steilste fahrplanmäßig befahrene Strecke Deutschlands, durchfährt auf der kurzen Strecke fünf Tunnel und überquert zwei Viadukte. Besonders spannend ist der steilste Abschnitt zwischen Boppard und Buchholz, wo von der Bahn 336 Höhenmeter überwunden werden müssen.

Noch einen Superlativ sollte man im Hinterkopf behalten, wenn man sich zum Trainspotting an der Liesenfeld-Hütte einfindet: Das Hubertusviadukt war zum Zeitpunkt seiner Errichtung eine der höchsten Steinbogenbrücken Deutschlands.

Adresse L 209, 56154 Boppard | Anfahrt Von der B 327 in Boppard-Buchholz im Kreisverkehr auf die L 209, bis zum Parkplatz Ruhewald/Drei Eichen. Von dort ist der Wanderweg zur Liesenfeld-Hütte ausgeschildert. | Tipp Man kann auf dem Hunsrückbahnwanderweg, der auch die Liesenfeld-Hütte einschließt, wandern. Oder man setzt sich in die Bahn (hunsrueckbahn.de).

29 Die Schleifenblume im Hamm

Eine Blume mit hohen Ansprüchen

Es gibt Pflanzen und Tiere, die sind so gut an einen bestimmten Standort angepasst, dass sie nur äußerst begrenzt vorkommen. Endemisch nennt der Biologe das, im Gegensatz zu den Kosmopoliten. Regionen mit besonders vielen endemischen Arten sind die Galapagosinseln oder Madagaskar. Aber auch Boppard hat eine endemische Pflanze, nämlich eine Unterart der Mittleren Schleifenblume mit dem lateinischen Namen *Iberis linifolia* subsp. *Boppardensis.*

Schleifenblumen an sich sind eher unscheinbare Blümchen, die man leicht übersehen kann. Die Gattung lebt in 30 verschiedenen Arten vor allem im Mittelmeerraum. Der nächste Standort der Mittleren Schleifenblume sind die Cevennen im Südosten Frankreichs. Um die Bopparder Variante von anderen Schleifenblumen unterscheiden zu können, muss man schon genauer hinschauen. Eines ihrer Erkennungsmerkmale sind die Blätter, die häufig ein bis zwei Zähnchen aufweisen.

Entdeckt hat die seltene Blume 1827 der damals 19-jährige Bopparder Lehrer und Naturforscher Michael Bach. Weltweit lebt sie nur auf steinigen Flächen im Bopparder Hamm, wo sie die Wärme der nach Süden ausgerichteten Hänge mit ihrem mediterranen Klima liebt. An vier Stellen im Bopparder Hamm kommt sie vor, wobei ihr Überleben durch die zunehmende Verbuschung stark gefährdet ist. Bei einer Zählung im Jahr 2019 wurden ganze 27 Pflanzen entdeckt, mittlerweile sind es deutlich weniger. Die botanischen Gärten der Universitäten Bonn, Koblenz und Mainz kultivieren die Pflanze inzwischen, um ihr Überleben zu sichern. Manche Biologen vermuten, dass die Schleifenblume im Mittelalter im Bopparder Hamm angepflanzt wurde. Gehen Sie ruhig im Frühjahr in den Hamm und suchen Sie das seltene Pflänzchen mit den weißen, zart rosa überhauchten Blüten. Aber bitte nehmen Sie sie nicht mit nach Hause, denn sonst ist Boppard bald um eine Attraktion ärmer.

Adresse Bopparder Hamm, 56154 Boppard | Anfahrt zwischen Bahnlinie und B 9 am Peternacher Weg parken und hinauf in den Hamm wandern | Tipp Unten am Weg steht einer der beiden preußischen Meilensteine von Boppard.

30 Das Taufbecken

Taufe im Wellnessbereich

Die Basilika St. Severus ist das markante Highlight der Bopparder Skyline. Im Inneren der fast 800 Jahre alten Kirche kann man nicht nur prima abschalten, es gibt auch eine Menge zu entdecken. Gleich rechts hinter dem Haupteingang ist eine in den Boden eingelassene Tür. Man sollte unbedingt einen Termin über das Pfarramt mit einem Kirchenführer machen, der den Schlüssel dafür hat. Automatisch öffnet sie sich und gibt den Blick in den Untergrund frei. Über eine solide Stahltreppe gelangt man eine Ebene tiefer und begegnet dem effektvoll illuminierten Taufbecken. Von einem Geländer umgeben, kann es von zwei Seiten besichtigt werden. Man hat hier schon einiges unternommen, um sicherzustellen, dass niemand ein Souvenir mitgehen lässt. Einige Steine sitzen schließlich locker genug, und auch Risse kann man in dem Becken erkennen. Pikanterweise, so erzählt Willi Nickenig, sind diese Zerstörungen erst entstanden, als man versucht hat, einen Abdruck des 1.600 Jahre alten Stücks anzufertigen. Wie kommt es nun zu diesem Taufbecken unter der Basilika?

Die Römer erbauten südlich der keltischen Siedlung Baudobriga ein Kastell, das natürlich auch eine Thermenanlage enthalten musste. Ein Militärbad, ausgestattet mit allem, was die Römer brauchten, um sich wohlzufühlen: Fußbodenheizung, Umkleideräume, kalte, warme und heiße Bäder. Nachdem die Römer im Jahr 406 abgezogen waren, übernahmen Zivilisten die Regie im Kastell. Sie bauten die Anlage um und errichteten dort, wo einst das Bad gewesen war, eine Kirche. Mitten in der ehemaligen Wellnessanlage entstand ein 32 Meter langer und neun Meter breiter Bau. Im Westteil wurde ein kleiner Raum für das Taufbecken abgetrennt. Trittstufen führten in das Becken hinab, und in den sieben Mauervorsprüngen standen einst Holzpfosten, die einen Baldachin trugen. Getauft wurde hier übrigens nicht durch Untertauchen, sondern durch Übergießen.

Adresse Marktplatz 17, 56154 Boppard | **Anfahrt** von der B 9 in Heerstraße, links in Karmeliterstraße, rechts in Eltzerhofstraße, rechts in Kronengasse und links auf den Marktplatz | **Öffnungszeiten** Wer das Taufbecken besichtigen möchte, muss einen Termin beim Pfarramt vereinbaren, Rheinstraße 44, Tel. 06742/2315. | **Tipp** Schauen Sie sich in der spätromanischen Basilika St. Severus genauer um, die sehr sehenswert und reich an Kunstschätzen ist.

31 Die Weiße Villa

Boris I. und seine 1.000 Leben

Wenn man den Kreuzweg hinunter zur Promenade geht, kann es passieren, dass man die Weiße Villa achtlos links liegen lässt. Schließlich herrscht in Boppard kein Mangel an eindrucksvollen Bauwerken, und keine Hinweistafel deutet auf Boris Skossyreff hin, der hier in den 1960er Jahren gewohnt hat. Es lohnt sich aber, vor der 1875 erbauten Villa stehen zu bleiben, wenn man um das abenteuerliche Leben weiß, das ihr ehemaliger Bewohner geführt hat. Oder geführt haben soll, denn Realität und Fiktion sind in seiner Vita kaum voneinander zu unterscheiden.

Aber der Reihe nach. Skossyreff wurde 1896 oder 1900 in Vilnius geboren, so ganz genau weiß das niemand. Nach geheimen Missionen als britischer Diplomat in Sibirien, Japan und den USA ließ er sich 1925 in den Niederlanden nieder, wo er den Titel eines Grafen von Oranje führte. Anfang der 1930er Jahre siedelte er in den Mini-Staat Andorra über und schlug dem Generalrat vor, ein monarchistisches Steuerparadies unter seiner Führung zu gründen. Die Volksvertreter stimmten zu, und Boris wurde am 7. Juli 1934 zum König von Andorra gekrönt.

Leider dauerte seine Regentschaft nur ganze 14 Tage. Dann wurde er nämlich von spanischen Polizisten nach Barcelona ins Gefängnis gebracht. Nach eigenen Angaben hat er während des Zweiten Weltkriegs für das Deutsche Reich spioniert. Auch an der Konferenz von Jalta soll er inkognito teilgenommen und deren Inhalt an Hitler weitergegeben haben. Sicher ist jedenfalls, dass Skossyreff seine letzten Lebensjahre in Boppard verbracht hat, wo er 1989 gestorben ist.

»Mein Name ist Forrest, Forrest Gump«, mag man angesichts eines Lebens denken, in dem sich die Zeitgeschichte des 20. Jahrhunderts widerspiegelt. Wir wissen nicht, ob es sich im Sinne Forrest Gumps »wie eine Schachtel Pralinen« angefühlt hat. Aber sicher ist, dass es für 1.000 normale Leben locker gereicht hätte.

Adresse Kreuzweg 2–4, 56154 Boppard | **Anfahrt** Abfahrt von der B 9 in den Kreuzweg | **Öffnungszeiten** nur von außen zu besichtigen | **Tipp** In den Bopparder Rheinanlagen, an deren nördlichem Ende die Villa liegt, gibt es viel zu sehen und zu unternehmen. Wie wäre es mit einer Schifffahrt?

32 Die betende Felsennonne

Wer hat den Stein geworfen?

Die Ziehley ist ein 195 Meter hoher Felsen zwischen Rhein und dem Bopparder Ortsteil Weiler. Den traumhaft schönen Aussichtspunkt erreicht man entweder über die elf Kilometer lange »Traumschleife Fünfseenblick«, die in Bad Salzig beginnt und endet, oder etwas schneller von Weiler aus. Sobald man die betende, in Holz geschnitzte Nonne erblickt, weiß man, dass man das Ziel erreicht hat. Die Nonne selbst ist etwas kitschig, aber die Geschichten dahinter lohnen immer noch die Erzählung.

Einst befand sich dort, wo heute die Nonne steht, eine natürliche Felsengruppe. Unzählige Fotos sind überliefert, auf denen Wanderburschen, junge Männer in Sonntagsanzügen oder Soldaten mit militärischem Gruß auf dem Felsen posieren. Im Hintergrund der Rhein und die Weinberge. Vom Rhein her, so ist überliefert, erinnerte die Felsformation an eine betende Nonne und wurde deshalb der Stoff für Legenden.

Während des Dreißigjährigen Kriegs, so erzählt man, wurden die Nonnen des Klosters in Boppard-Weiler von den Schweden überfallen. Die Soldaten ermordeten, wen sie zu Gesicht bekamen, und vernichteten das Kloster. Die Nonne Angelika, die Jüngste im Kloster, war die Einzige, die entkommen konnte. Sie floh hoch auf die Ziehley. Vor dem Abgrund betete sie zu Gott, er möge sie lieber versteinern als den Schweden ausliefern. So geschah es, und deshalb stand auf der Ziehley ein Felsen, der vom anderen Rheinufer wie eine betende Nonne aussah. Ob die Schweden, als sie hochschauten, ihre schrecklichen Taten bereut haben?

Während des Zweiten Weltkriegs wurde die Felsformation durch die Erschütterungen der Bombenwürfe gelöst. Nach neuesten Erkenntnissen sind es wohl Jugendliche aus Salzig gewesen, die dem Stein den entscheidenden Stoß versetzt haben. So wäre es denn die örtliche Rivalität zwischen Weiler und Salzig gewesen, die das Schicksal der betenden Felsennonne besiegelte.

Adresse Zur Peterskirche, 56154 Boppard-Bad Salzig | **Anfahrt** von der B 9 in Bad Salzig auf Auweg, rechts auf Unten in der Aab, rechts auf Wehrweg, rechts auf Salzbornstraße, bis Weiler, links auf Zur Buchley, links auf Zur Peterskirche – die Straße wird zu einem Wanderweg, der zur Ziehley führt | **Tipp** In Weiler findet man mit dem Landgasthof Eiserner Ritter (Zur Peterskirche 10) eine der besten Adressen zum Essen und Übernachten am Mittelrhein.

33_Die Leonorenquelle

Das Börnchen

Wenn man vor dem Edelstahlwaschbecken, das an dem blauen Fliesenquadrat hängt, steht, fällt es schwer, die Bedeutung zu ermessen, die die Leonorenquelle einst für Bad Salzig hatte. »Börnchen« wird sie liebevoll genannt. In starkem Strahl schießt das Heilwasser heute wieder in das Becken und hinterlässt rostrote Spuren. Das jedenfalls ist nicht verwunderlich, denn das, was hier sprudelt, ist ein Natrium-Chlorid-Hydrogencarbonat-Sulfat-Wasser mit einer sehr hohen Salzkonzentration, das 30 Grad Celsius warm ist. Seit 2021 ist die Quelle, die aus 446 Meter Tiefe kommt und zwischen 1902 und 1905 erbohrt wurde, wieder in Betrieb.

Einst heilte man mit dem Wässerchen Magen-, Darm-, Leber- und Gallenleiden, Katarrhe sowie Stoffwechselerkrankungen. Seit der Entdeckung des Helicobacters nahm das Interesse an dem Heilwasser ab. Im heutigen Kurbetrieb der Mittelrhein-Klinik spielt es keine Rolle mehr. 2004 lief der Heilquellenschutz ab, die Quelle verstopfte zusehends, und das Wasser tröpfelte immer spärlicher. Als 2013 auch noch der Apotheker starb, der für die Qualitätskontrolle zuständig war, musste die Quelle geschlossen werden, denn die Zusatzqualifikation, die für diese Prüfung erforderlich ist, haben nur wenige. Schließlich übernahm die Stadt Boppard die Quelle, eine entsprechend qualifizierte Pharmazeutin fand sich, und Boppard bekam die »Herstellungserlaubnis nach dem Arzneimittelgesetz«. Nun darf also wieder Wasser aus der Quelle gezapft werden.

Dies tut übrigens auch der Bopparder Bäcker Martin Nickenig. Auf Basis von Börnchenwasser, Roggen- und Weizenmehl backt er das Welterbebrot. 570 Gramm wiegt es und erinnert daran, dass Boppard bei Rheinkilometer 570 liegt. Bis zur Bundesgartenschau 2029 soll eine neue Entnahmestation für das Börnchen entstehen. Wer weiß, vielleicht wird der eine oder andere das alte Häuschen mit dem Bahnhofstoiletten-Charme vermissen?

Adresse Salzbornstraße, 56154 Boppard-Bad Salzig | **Anfahrt** Von der B 9 auf Auweg, rechts auf Unten in der Aab, weiter auf Bopparder Straße, rechts auf Wehrweg, rechts auf Salzbornstraße. Das Quellenhäuschen erreicht man über den Parkplatz an der Salzbornstraße hinter der Klinik. | **Tipp** Besuchen Sie den Kurpark und das neubarocke Badehaus von 1907.

34 Der Myriameterstein

»Central-Commission für die Rhein-Schiffahrt«

Der Bad Salziger Myriameterstein an der Bundesstraße 9 ist so harmonisch in die Steinmauer integriert, dass man ihn beinahe übersehen könnte. Dabei versetzt er uns zurück in eine Zeit, als die Vermessung der Welt gerade sehr en vogue war.

Die »Central-Commission für die Rhein-Schiffahrt« ordnete 1864 erstmals eine Gesamtvermessung des Rheinstroms an. 1867 wurde beschlossen, zur Kennzeichnung der Vermessungsergebnisse sogenannte Myriametersteine zu setzen. Ein Myriameter, das sind zehn Kilometer – und in ebenjener Entfernung voneinander wurden die Steine auf beiden Rheinseiten aufgestellt. Alle vier Seiten der Steine sind beschriftet. Die Rheinseite trägt die Nummer des Steins in römischen Ziffern. Das ist im Falle des Bad Salziger Steins die Nummer 40. Das bedeutet, dass der Stein 400 Kilometer von der alten Rheinbrücke in Basel entfernt ist. Darunter beschreibt die Angabe AP die Höhe des Steins über dem »Amsterdams Peil«, dem Amsterdamer Pegel. In unserem Fall sind das 73,841 Meter. Landseitig werden die Entfernungen von Basel und bis Rotterdam angegeben. Bis Rotterdam sind es nach Angaben des Steins 424,450 Kilometer. Der nächste Stein, die Nummer 41 am Rheinufer in Spay, liegt also ziemlich genau in der Mitte dieses steinigen Vermessungssystems. Berg- beziehungsweise talseitig führen die Steine zumeist die Entfernungen zu den nächsten Landesgrenzen an. Im Falle unseres Bad Salziger Steins sind diese Angaben nur noch schwer entzifferbar, weil er in die Mauer verbaut ist.

Ende des 19. Jahrhunderts wurde in den meisten europäischen Ländern das metrische System eingeführt, für ganz Deutschland 1872. Damit war endlich Schluss mit all den verwirrenden Maßeinheiten wie Fuß, Elle und verschiedenen Arten von Meilen. Die Myriametersteine wurden ab 1883 durch Landeskilometrierungen ersetzt. Mehr als 70 Steine sind am Rhein erhalten geblieben.

Adresse Bundesstraße 9 (Rheinkilometer 567,44), 56154 Boppard-Bad Salzig | Anfahrt Der Stein steht an der B 9 zwischen Boppard und Bad Salzig auf der Höhe von Buchenau. | Tipp An beiden Bopparder Ortsausgängen findet man preußische Basaltobelisken vom Beginn des 19. Jahrhunderts. Die Meilensteine zeigen die Entfernungen nach Köln, Koblenz und Mainz.

35 Die Brunnenstube

Wasseradern spüren

Boppard kann sich glücklich schätzen, über gleich zwei Brunnenstuben zu verfügen. Die eine befindet sich im Propsteigarten Hirzenach und ist sehr stattlich. Die andere findet man am »Traumschleife Marienberg« genannten Wanderweg, etwas abseits im Wald. Sie ist ebenfalls sehr fotogen, aber stattlich ist sie nicht.

Unwirtlich muss es Mitte des 19. Jahrhunderts im damaligen städtischen Forsthaus Hinterdickt, später Forsthaus Buchenau, zugegangen sein. Wenn der Förster Friedrich Wilhelm Delaforgue und seine Frau Wasser brauchten, musste er mit einem Karren zu einer einen Kilometer entfernten Quelle auf der Grünfeldswiese fahren. Um diesen Zustand zu beenden, wurde im Jahr 1869 ein Wünschelrutengänger damit beauftragt, in der Nähe des Forsthauses nach Wasser zu suchen.

Für unsere aufgeklärten Ohren mag es seltsam klingen, dass parapsychologische Methoden angewandt wurden, um die Dienstwohnung des Försters mit Wasser zu versorgen. Im 19. Jahrhundert war diese Methode aber weit verbreitet. Bergleute suchten mit Wünschelruten nach Erz, und an der Universität München experimentierten Physiker mit verschiedenen Varianten der klassischen Y-förmigen Rute. Heute müssen wir nüchtern konstatieren, dass eine über den Zufall hinausgehende Treffsicherheit von Wünschelrutengängern in keiner Studie zweifelsfrei nachgewiesen werden konnte. Man geht allgemein davon aus, dass die Hand des Wünschelrutengängers nicht deswegen zittert, weil er die Wasserader spürt, sondern weil die Vorstellung, Wasser zu spüren, seine Muskeln zittern lässt.

Aber, was soll man sagen, der Wünschelrutengänger des Försters fand tatsächlich eine Quelle im Wald nahe beim Forsthaus. Sie erhielt zum Schutz ein Dach aus Bruchsteinen. Später wurde eine oberirdische Rohrleitung hinunter zum Forsthaus gelegt. Inzwischen wächst sehr dekorativ eine Buche auf dem Dach der Brunnenstube.

Adresse Am Eisenberg (L 212), 56154 Boppard-Buchenau | Anfahrt Von der B 9 auf Heerstraße, an der ersten Querstraße rechts, um auf Heerstraße zu bleiben, rechts auf Am Alten Posthof, weiter auf Simmerner Straße, links auf Am Eisenberg, der Straße folgen, bis am Ende des Naturschutzgebiets rechts ein Wanderweg abgeht (vor der Salzbornstraße). Der ausgeschilderte Weg führt zur Brunnenstube. | Tipp Besuchen Sie die andere Brunnenstube im Propsteigarten Hirzenach (Rheinstraße 65, Boppard).

36__Die Hintere Dick-Eisenbolz

Mehr Bio geht nicht

Das Naturschutzgebiet mit dem einprägsamen Namen erstreckt sich beiderseits der Landstraße 212, wobei die Hintere Dick westlich der Straße liegt. Stolze 54,63 Hektar ist das Gelände groß und war einst als Baugebiet geplant. Stattdessen wurde es 1998 unter Schutz gestellt und gehört zu den größten zusammenhängenden Naturschutzgebieten in Rheinland-Pfalz. Sehr schöne und stille Wanderwege führen vorbei an Wiesen und uralten Obstbäumen. Zwischen den 8.000 Streuobstbäumen wachsen Orchideen, leben Zauneidechsen und seltene Insektenarten. 190 teils vom Aussterben bedrohte Vogelarten findet man hier, darunter drei Wendehalspaare.

Ein solches Naturschutzgebiet muss intensiv gepflegt werden, um es zu erhalten. Jährlich werden die Flächen mit Rindern, Ziegen und Schafen beweidet. Sanierungsschnitte erhalten die alten Obstbäume, und Amphibienteiche wurden renaturiert. Unzählige Freiwillige engagieren sich aktiv für den Naturschutz. Auch Dr. Peter Sound, als Mitarbeiter des Umweltministeriums so etwas wie der offizielle Leiter des Naturschutzgebiets, packt schon mal mit an. Dann geht er gemeinsam mit seiner Tochter in die Hintere Dick und pflanzt das Bopparder Graustielchen. Zuletzt standen nur noch wenige Exemplare dieser in Vergessenheit geratenen Apfelsorte im Naturschutzgebiet. Das Graustielchen war einst besonders bei den Schiffern beliebt, weil man aus ihm einen schmackhaften Kuchen backen … und einen noch beliebteren Schnaps brennen konnte.

Schüler der Helene-Pagés-Schule machen alljährlich Apfelsaft von den alten Bäumen und bieten ihn über den Förderverein zum Verkauf an. Natürlich nur, wenn die Apfelsituation es hergibt. Dann wird eine Presse ausgeliehen und ungefähr eine Tonne Äpfel gepresst. Wer etwas von diesem Bio-Nektar ergattern will, der sollte sich beeilen, denn er ist stets sehr schnell ausverkauft.

Adresse Am Eisenberg (L 212), 56154 Boppard-Buchenau | **Anfahrt** von der B 9 auf Heerstraße, an der ersten Querstraße rechts, um auf Heerstraße zu bleiben, rechts auf Am Alten Posthof, weiter auf Simmerner Straße, links abbiegen auf Am Eisenberg, der Straße bis zum Naturschutzgebiet folgen | **Tipp** Eine weitere Oase der Ruhe, die über die Salzbornstraße zu erreichen ist, ist der Kurpark Bad Salzig.

37 Das Großeselgestüt

Entschleunigung in Odins Mühle

Der Forstbach schlängelt sich durch grüne Wiesen, vereinzelt stehen Bäume, die Betriebsgebäude sind hell gestrichen, ein Teich glänzt, dazwischen grasen friedlich die Tiere. Die Großeselzucht im Forstbachtal über der Loreley ist ein eigenwilliges kleines Paradies.

Vor über 30 Jahren haben Sylvia Morgenstern und Friedrich Sauerwein mit der Eselzucht angefangen. Großesel sind deutlich größer als Hausesel, können bis zu 1,65 Meter erreichen und wurden einst als Arbeitstiere und zur Maultierzucht eingesetzt. Das Ehepaar spezialisierte sich auf die Zucht zweier Eselrassen: Der schwere und zottelige Baudet de Poitou war fast ausgestorben und gehört heute zu Frankreichs nationalem Erbe. Der katalanische Riesenesel ist in den spanischen Pyrenäen zu Hause. Daneben kümmert man sich um bulgarische Großesel, aber leider ist der Hengst Sixtus Loreley inzwischen verstorben. Verkauft werden die Loreley-Esel in ganz Europa. Mit 75 Hektar ist der Betrieb so groß, dass keine Futtermittel zugekauft werden müssen. Neben der Zucht konzentriert man sich im Forstbachtal auf den therapeutischen Nutzen der Esel.

Esel können sehr sanftmütig sein und menschliche Stimmungen unmissverständlich spiegeln. Sie gehen auf gehandicapte und kranke Menschen vorsichtig zu und nehmen mit ihnen Kontakt auf. Natürlich haben Esel auch ihre sprichwörtliche eigensinnige Seite. Wenn sie Unsicherheit spüren, weigern sie sich störrisch zu folgen und verlassen sich lieber auf sich selbst. Für den Menschen kann dieses Verhalten ein Fingerzeig sein, sich selbst besser zu beobachten, Ziele klarer zu definieren und entschlossener zu verfolgen.

Wenn Sie mal wieder so richtig gestresst sind und eine Auszeit brauchen, dann denken Sie doch über eine Eselwanderung im Forstbachtal nach. Oder Sie buchen gleich eine Woche im Ferienhaus Odins Mühle, lassen sich vom Krähen des Hahns wecken und entspannen sich inmitten der Esel.

Adresse Gemeinde Mühle, 56348 Bornich | Anfahrt in St. Goarshausen von der B 42 auf Forstbachstraße, bis Bornich, links und den Schildern zu Odins Mühle folgen | Öffnungszeiten Infos: esel-loreley.weebly.com | Tipp Wenn man von Bornich nach Weisel fährt, findet man in der Glück-Auf-Straße 18 ein BMW-Motorradmuseum (Infos: gemeinde-weisel.de).

38 Die Winzergenossenschaft

Die letzten Genossen

Der Badische Winzerkeller in Breisach bewirtschaftet über seine Mitglieder eine Rebfläche von etwa 1.700 Hektar. Das ist mehr als dreimal so groß wie die gesamte Rebfläche des Mittelrheins, nur um die Dimensionen einzuordnen. Die Winzergenossenschaft Bornich kümmert sich um gerade mal sechs Hektar. Kein Wunder, dass fast alle Mitglieder der Genossenschaft den Weinanbau im Nebenerwerb betreiben. Kellermeister Jürgen Volk besitzt ein Weingut in Spay.

Anfang des 19. Jahrhunderts erlebte der Mittelrheinwein einen Aufschwung, da der Rheinwein in Preußen eine beinahe monopolartige Stellung hatte. Nur ein paar Jahrzehnte später ging es bergab. Missernten und immer billiger werdende Weinimporte setzten den Winzern zu. Während der Tourismus im Gefolge der Rheinromantik boomte, verelendeten die Winzer. Ende des 19. Jahrhunderts hielt die Reblaus Einzug und verwüstete die Weinberge. Unter der Losung »Stein statt Wein« wanderten viele Winzer in die Stein- und Bimsindustrie ab.

Mit dem Zusammenschluss zu Genossenschaften stemmten die Weinbauern sich gegen Trend. Die Winzergenossenschaft Bornich wurde 1934 gegründet. Von den einst zahlreichen Genossenschaften am Mittelrhein hat sie als Einzige bis heute überlebt. Im Angebot sind Weine aus den Rebsorten Müller-Thurgau, Riesling, Grau- und Spätburgunder. Aber auch die Moderne hat mit den sogenannten pilzwiderstandsfähigen Rebsorten Regent und Johanniter Einzug gehalten. Beide brauchen deutlich weniger Pflanzenschutz als die traditionellen Rebsorten, um zu gedeihen.

Die Reben der Winzergenossenschaft wachsen unter anderem in der Lage Bornicher Rothenack auf der Höhe, von Wald umgeben und mit Blick auf den Rhein. In der Nähe gibt es einen Weinberglehrpfad. Alles etwas abseits gelegen und nicht ganz leicht zu finden – aber die Entdeckung lohnt sich.

Adresse Winzerweg 1, 56348 Bornich | Anfahrt in St. Goarshausen von der B 42 in Forstbachstraße, bis zur Jahnstraße, rechts in Winzerweg | Öffnungszeiten Mo – Fr 10 – 12 Uhr, Mi, Fr 18 – 20 Uhr, Sa, So 10 – 12 Uhr | Tipp Fährt man zurück auf die L 338 in Richtung Weisel, erreicht man rechter Hand die Adolfseiche, benannt nach Herzog Adolph von Nassau – ein beeindruckendes Baumdenkmal von 1864.

39 Das Bauernmuseum

Das Leiden kreatürlicher Existenz

Man nehme einen historischen Landgasthof und eine ebenso geschichtsträchtige Mühle, restauriere beides, mache aus der Mühle ein Restaurant und richte darin zudem ein Bauernmuseum ein. Nach diesem Rezept hat der Restaurator und Maler Erich Kunz in Braubach ein Ensemble geschaffen, das märchenhafte Züge trägt. Doch ganz so einfach war das nicht.

»Braubach hat viele Gasthäuser, das Beste aber ist der Schwanen«, notierte der englische Weltreisende James Tomleson 1832 in sein Wanderbuch. Im Jahr 1972 sollte der Landgasthof abgerissen werden und an seiner Stelle ein Supermarkt entstehen. Das verhinderte Kunz, indem er das Anwesen kaufte. Gute zehn Jahre später sollte es auch der neben dem Gasthaus gelegenen Mühle an den Kragen gehen. Wieder griff Kunz zu, restaurierte die Mühle und eröffnete sie im Jahr 1998 als Haupthaus des Hotels und Landgasthofs »Zum Weißen Schwanen«. Samt Bauernmuseum.

Die Wassermühle am Obertor gehörte einst dem Grafen von Katzenelnbogen. In ihrer langen und wechselvollen Geschichte diente sie Ende des 19. Jahrhunderts zwischenzeitlich sogar als Gebäude der Blei- und Silberhütte. Bei der Restaurierung integrierte Kunz wieder ein Mühlrad sowie den Mühlstock mit einem Mahlgang aus dem 17. Jahrhundert. Im Museum werden bäuerliche Gerätschaften und Westerwälder Keramik gezeigt, die Gasträume sind ebenfalls bäuerlich eingerichtet.

Eine Besonderheit des Museums sind Gemälde und Zeichnungen des Otto-Dix-Schülers Karl Heidelbach. In den Jahren 1950 bis 1967 lebte und arbeitete er in der Braubacher Philippsburg. Sein bestimmendes Thema war das Leiden kreatürlicher Existenz, das er in realistisch gemalten Alltagsszenen einfing. Zeitlebens blieb er dem Realismus treu. Es ist bemerkenswert, dass wir heute durch die Gänge der ehemaligen Mühle gehen können, um eine kleine, aber feine Sammlung seiner Werke zu betrachten.

Adresse Brunnenstraße 4, 56338 Braubach | **Anfahrt** von der B 42 auf L 327, der Straße bis zum Weißen Schwanen folgen | **Öffnungszeiten** Mo–So 10–20 Uhr | **Tipp** In knapp zehn Minuten ist man vom Weißen Schwanen aus in den Rheinanlagen. Machen Sie dort einen Spaziergang, es gibt allerhand zu entdecken.

40 Die Rauchkanäle

Innovation im Immissionsschutz

Die drei gemauerten Schornsteine auf dem Berg Pankert hinter der Marksburg sind weithin sichtbar, doch nur auf wenigen Fotos der berühmten Burg kann man sie erkennen. Offenbar wollen die meisten Fotografen das Industriedenkmal aus ihren Abbildungen verbannen. Noch weniger Beachtung findet die durch den Wald geschnittene Schneise, durch die sich dunkle Kanäle den Berg hinunter ins Tal winden. Dabei waren die Rauchkanäle zur Zeit ihrer Errichtung eine technische Innovation.

Der Bergbau in Braubach hat eine lange Geschichte. Bereits die Römer bauten Silber ab, die erste reguläre Silberhütte entstand 1691. Als die Silbervorkommen versiegten, stellte man das Werk auf die Bleiverarbeitung um. Bei der Verhüttung von Blei entsteht der sogenannte Hüttenrauch, der das sehr giftige Arsentrioxid, auch Arsenik genannt, enthält. Sinn der Rauchkanäle war es, den Hüttenrauch durch die Leitungen auf die Höhe zu befördern. Die Abluft kühlte in den Kanälen ab und schlug sich an deren Wänden als weißes Pulver nieder. Die arsenfreie Abluft wurde durch die Schornsteine geleitet. Von der Verteilung der Abluft auf der Höhe versprach man sich eine Verdünnung der Schadstoffe. Man kann die Rauchkanäle als einen der ersten Versuche in Sachen Immissionsschutz bezeichnen. Heute noch wird das gleiche Prinzip in Gestalt der hohen Schornsteine auch von Kohlekraftwerken praktisch angewandt.

In Braubach wird kein Bleierz mehr verhüttet. Stattdessen werden in dem Werk Bleiakkus aus dem Fahrzeugbau und der Industrie recycelt, und die gereinigte Abluft wird durch die Rauchkanäle geleitet. Wir können also völlig abgasfrei durch den Wald wandern und die Kanäle bestaunen. Im 19. Jahrhundert gab es übrigens sogenannte Arsenikesser, die das weiße Pulver in geringen Dosen als Droge einnahmen. Arsenik führt unter anderem zur Gewichtszunahme – und das entsprach dem Schönheitsideal der damaligen Zeit.

Adresse Dachsenhäuser Straße, 56338 Braubach | Anfahrt Von der B 42 auf L 327, der Straße folgen bis Dachsenhäuser Straße. Zwischen den Hausnummern 17 und 19 führt ein Fußweg zu den Rauchkanälen. | Tipp Es wäre naheliegend, die Marksburg zu besichtigen. Aber auch Schloss Philippsburg am südlichen Stadtrand (Schlossstraße 2) ist sehr sehenswert – hier wirkte einst der Maler Karl Heidelbach.

41 Das Hämmchen

Die Weinbrüder … und -schwestern

Das Weinanbaugebiet Mittelrhein beginnt hinter dem Binger Loch und zieht sich bis zum Siebengebirge südlich von Bonn. Es wächst vor allem Riesling, der auf den kargen und steilen Schieferhängen des Rheintals seine Aromatik voll entfalten kann. Ähnlich wie an der Mosel ist es nicht nur die Arbeit des Winzers, sondern auch der Weinberg selbst, der durch seinen Boden und die Topografie den Geschmack des Weines prägt. Insofern ist jeder Weinberg ein absolutes Unikat – und wenn er nicht mehr bearbeitet wird, verschwindet ein einzigartiges Geschmacksbild.

Leider hat sich die Rebfläche am Mittelrhein stetig verkleinert, von über 2.000 Hektar Anfang des 20. Jahrhunderts ist gerade mal ein Viertel übrig. Die Gründe dafür sind vielfältig, aber letztlich finden sich immer weniger Menschen, die ihren Lebensunterhalt mit der Plackerei in den Steilhängen bestreiten möchten. Das ist ein Verlust, nicht nur für Weinliebhaber, sondern auch für die einzigartige Kulturlandschaft. Das Örtchen Brey stellt in dieser Hinsicht keine Ausnahme dar. Seit über 800 Jahren wurde in Brey Weinbau betrieben, bis 2003 der letzte Winzer aufgab.

Aber zum Glück war damit nicht das letzte Wort gesprochen. Der Begriff »Hamm« bezeichnet eine Flusskrümmung beziehungsweise das daran angrenzende Land, und das Breyer Hämmchen kann man als den kleinen Bruder des großen Bopparder Hamms bezeichnen. Um sicherzustellen, dass wir weiterhin Weine vom Hämmchen genießen können, wurde die »Weinbruderschaft Breyer Hämmchen« gegründet. 2006 wurden die ersten Riesling-Rebstöcke gepflanzt, bereits 2008 konnten die ersten Flaschen des neuen Breyer Hämmchens abgefüllt werden. Die Weinbrüder und -schwestern erledigen die Weinbergarbeit, um den Ausbau der Weine kümmert sich der Spayer Winzer Florian Weingart. Man kann auch Weinbergspate werden, dann bekommt man eine Schiefertafel im Weinberg – und natürlich Wein.

Adresse Römerstraße, 56321 Brey | Anfahrt von der B 9 in Rheingoldstraße, am Ende rechts auf Auf der Brück, dann in Römerstraße, kurz vor ihrem Ende zweigt links ein Wanderweg ab, der zum Weinberg führt | Öffnungszeiten Der Weinberg ist eingezäunt, kann aber von außen besichtigt werden. Führungen sind nach Absprache möglich. Infos: weinbruderschaft-brey.de | Tipp Wenn man vom Weinberg hinunter zum Sportplatz geht, kann man den Schildern zur römischen Wasserleitung folgen.

42 Das Kelchplätzchen

Schlechtes Versteck oder schlechtes Gewissen?

Wenn man auf dem Rhein-Burgen-Weg von Brey Richtung Jakobsberg wandert und das Breyer Hämmchen hinter sich gelassen hat, kann es leicht passieren, dass man links vom Weg abgeht. Hier gibt es Tische, Bänke, eine Liege und eine Weinbergschaukel mit wundervollem Blick auf das Rheintal und die Marksburg. Spätestens nach der Rast sollte man aber auch rechts am Weg das unscheinbare Kelchplätzchen betrachten. Stände nicht eine Infotafel am Wegrand, würde man wohl denken, hier habe sich einst ein Unglück abgespielt. Dabei ist die Geschichte dahinter weniger dramatisch als geheimnisvoll.

In das kleine, mit einem Blech geschützte Holzkreuz ist ein Hostienkelch, ein Ziborium, geschnitzt. Ein solcher Kelch wird in der katholischen Kirche verwendet, um die konsekrierten Hostien darin aufzubewahren. Das lateinische Wort *ziborium* bedeutet so viel wie Trinkkelch, seit dem 13. Jahrhundert werden die Hostien in einem Kelch aufbewahrt, der dem Messkelch ähnelt.

Aus einer Pressemitteilung des Ober-Prokurators vom Dezember 1864 wissen wir, dass ein 13 bis 14 Zoll hohes Ziborium aus der Breyer Kirche gestohlen wurde. Der Kelch war innen vergoldet und trug ein silbernes Kreuz auf dem Deckel. In der Pressemeldung wurde die Bevölkerung aufgefordert, sich beim Ober-Prokurator oder bei der nächsten Polizeidienststelle zu melden, wenn man Hinweise zum Dieb oder zum Verbleib des gestohlenen Ziboriums hatte. Die Mitteilung erschien im Amtsblatt der Königlichen Regierung zu Koblenz.

Nur wenige Monate später wurde das Ziborium am Waldrand wiedergefunden. Genau an der Stelle, an der später das Holzkreuz errichtet wurde. Der Kelch wurde zurück in die Breyer Kirche verfrachtet. Wir wissen bis heute nicht, wer der Dieb war und warum er den Kelch am Waldrand vergraben hat. Bekam er Angst wegen der Pressemeldung? Jedenfalls sagt man, dass an dieser Stelle bis heute nichts mehr wachse.

Adresse Römerstraße, 56321 Brey | Anfahrt Von der B 9 in Rheingoldstraße, am Ende rechts auf Auf der Brück, dann in Römerstraße. Kurz vor ihrem Ende zweigt links ein Wanderweg ab, der am Weinberg vorbei zum Kelchplätzchen führt. | Tipp Wandern Sie weiter auf dem Rhein-Burgen-Weg zum Jakobsberg, einem ehemaligen Klostergut. Heute finden Sie ein Hotel, ein Restaurant und einen Golfplatz oberhalb der Weinberge des Bopparder Hamms.

43_Der Aalschokker »Katharina«

Der Fischer und seine Frau

Bunt beflaggt ankert der Aalschokker »Katharina« in den Brohler Rheinwiesen. So gemütlich liegt er da, dass man ihm seine bewegte Geschichte gar nicht ansieht. 1922 ließ der Fischermeister August Friedrich das 17 Meter lange und fünf Meter breite Stahlschiff von einer Werft bei Speyer bauen.

Der niederländische Begriff Schokker bezeichnete ursprünglich Fischereisegelschiffe, die in der Zuiderzee verwendet wurden. Aber auch auf dem Rhein waren sie die Grundlage für die einst lukrative Rheinfischerei. Die Schokker hatten keinen eigenen Motor, sondern wurden abends in das Fanggebiet geschleppt und dort verankert. Sodann wurde der Ankerkuil, ein riesiges Netz, ins Wasser gelassen und gegen die Strömung gestellt. Zwölf Aalschokker besaß August Friedrich zu Hochzeiten, zudem hatte er den Rhein von Bad Breisig bis Namedy und Ariendorf für die Fischerei gepachtet. Auch in Andernach und Brohl, bei Fornich und an der Insel Hammerstein lagen seine Boote. Gefangen wurden damals überwiegend Aale, manchmal auch Barsche, Rotaugen, Zander und Barben. Selten ging ein Hecht oder ein Lachs ins Netz.

Während des Kriegs verlor die Familie ihr Motorboot und alle Aalschokker – bis auf einen: die »Katharina«. Sie verrichtete ihren Dienst, bis sie 1965 im Brohler Hafen sank. Die »Katharina« wurde an einen Andernacher Uhrmacher verkauft, der sie 40 Jahre lang vor der Insel Hammerstein als Freizeit- und Ferienschiff nutzte. Im Frühjahr 2004 schlug der Aalschokker bei einem Sturm leck und sank abermals. Er wurde nach Brohl geschleppt und sollte verschrottet werden. Das wäre auch passiert, hätte Hans-Joachim Boltersdorf nicht die Silhouette im Hafen gesehen und das Schiff gekauft. Heute gehört es dem Kulturverein »Katharina«. Katharina war übrigens der Vorname der zweiten Frau des Fischermeisters August Friedrich.

Adresse Koblenzer Straße, 56656 Brohl-Lützing | Anfahrt von der B 9 aus Bad Breisig kommend direkt links am Hafen zum Biergarten abbiegen, der Aalschokker ist nicht zu übersehen | Tipp In den Brohler Rheinanlagen liegt auch ein Haltepunkt des Vulkan-Express, der Brohltal-Eisenbahn. Wenn Sie mitfahren möchten, gehen Sie zum Bahnhof, dort beginnt die Fahrt.

44 Die Lavagrube Leilenkopf

Vulkanischer Baustoff

Namen sind Schall und Rauch, sagt man doch gern, und das trifft offenbar besonders gut auf den ehemaligen Schlackenvulkan Leilenkopf zu. Oder heißt es Leitenkopf, Leizenkopf, Leilerkopf oder Leylerkopf? Suchen Sie sich was aus, denn all diese Namen sind in Umlauf. Sicher ist, dass wir es mit einem Aschenvulkan zu tun haben, der den Geologen bis heute Rätsel aufgibt.

Als der Vulkan zum ersten Mal ausbrach, förderte er graubraune Tuffsteine zutage, die später in Niederlützingen und Brohl als Baustoffe verwendet wurden. Die Kirche St. Lambertus in Niederlützingen zum Beispiel wurde aus diesem Stein gebaut. Dann legte der Vulkan eine Pause von rund 150.000 Jahren ein, bis er zum zweiten Mal ausbrach. Das war vor etwa 200.000 Jahren. Diesmal spuckte der Vulkan Tuffe und Schlacken aus, wodurch sich ein niedriger, etwa 35 Meter hoher Kegel bildete. Eine Besonderheit des Leilenkopf-Vulkans sind bis zu faustgroße Steinkugeln, sogenannte Kegelbomben, die durch den Gasstrom ihre runde Form erhielten.

Hoch war er ja nie, der Vulkan, aber erst Erosion und der Gesteinsabbau führten dazu, dass die heutige Grube entstand. Ein tiefer Krater wurde geschaffen, der Leilenkopf verschwand aus dem Landschaftsbild. Dafür fanden zahlreiche Arbeiter aus den umliegenden Ortschaften Arbeit und Auskommen für ihre Familien. Der Leilenkopf-Abbau begann bereits vor dem Ersten Weltkrieg. Mitte der 1950er Jahre wurde er intensiviert, um den Baustoffbedarf der Nachkriegszeit zu decken.

Seit 1980 wird nicht mehr abgebaut. So können wir heute um die Grube herumwandern und der Natur dabei zusehen, wie sie die karge schwarze Schlackenlandschaft langsam zurückerobert. Wie viel Zeit ihr dafür noch bleibt, ist ungewiss, denn die Rheinischen Basalt- und Lavawerke können den Abbau jederzeit wieder aufnehmen – und die Nachfrage nach vulkanischen Baustoffen ist ungebrochen.

Adresse Im Lammertal, 56656 Brohl-Lützing | **Anfahrt** von der B 412 in Richtung Niederlützingen auf Fritz-Beck-Straße, der Straße lange folgen, rechts in Hauptstraße, bis diese zu Im Lammertal wird, auf dem Parkplatz parken und den Fußweg rechts hinunter zur Grube nehmen | **Tipp** Wenn man wieder zurück nach Niederlützingen fährt, findet man die katholische Pfarrkirche St. Lambertus (Kirchstraße 1), wo man den Baustoff bewundern kann, der in der Lavagrube abgebaut wurde.

45 Der Separatisten-Gedenkstein

Die Rheinische Republik

Dunkelgrau und unscheinbar steht die zwei Meter hohe Basaltsäule am Hafen von Brohl, das Beet rundherum bunt bepflanzt. Man muss nähertreten und einen Blick auf die patinagrüne Tafel werfen, um mehr über diesen Stein zu erfahren. »Den Separatistenopfern«, steht obendrüber, das Datum 9. November 1923, darunter eine Schlange im Würgegriff einer menschlichen Hand. Und drei Namen: Gabriel Hommen senior, Gabriel Hommen junior und Josef Patron. Was ist hier geschehen?

Nach dem verlorenen Ersten Weltkrieg gab es Bestrebungen, das Rheinland und Teile der Pfalz vom Deutschen Reich zu separieren. Den Besatzungsmächten wäre ein Pufferstaat zum Deutschen Reich durchaus recht gewesen, weshalb sie die Separatisten unterstützten. Ab dem 21. Oktober 1923 gelang es den Aufständischen, einige rheinische Stadt- und Gemeindeverwaltungen unter ihre Kontrolle zu bringen. In Aachen und Koblenz wurde die Rheinische Republik ausgerufen. Der französische Hochkommissar und Präsident der Rheinlandkommission erkannte die Herrschaft der Separatisten am 26. Oktober als legitime Regierung an. Diese Regierung verfügte allerdings weder über Geld noch über Machtstrukturen und verlegte sich deshalb auf Gewalt, Requisitionen und Plünderungen.

Dagegen regte sich auch in Brohl Widerstand, und man stellte eine Bürgerwehr auf. Die Separatisten erfuhren davon und schickten am 9. November ein »Strafkommando« nach Brohl. Besonders auf die beiden Wortführer, den ortsvorstehenden Gastwirt Hans Felinger und den Führer der Bürgerwehr Anton Bröhl, hatten es die Separatisten abgesehen. Sie drangen in den Gasthof Zum Anker ein und erschossen den Gastwirt und dessen Vater ohne Vorwarnung. Allerdings hatten sie das falsche Gasthaus erwischt und infolgedessen unbeteiligte Bürger ermordet. Die Rheinische Republik war schon kurz darauf Geschichte.

Adresse Koblenzer Straße, 56656 Brohl-Lützing | Anfahrt von der B 9 aus Bad Breisig kommend direkt links am Hafen zum Biergarten, wo der Gedenkstein steht | Tipp Von den Rheinanlagen aus starten zwei empfehlenswerte Panorama-Rundwanderwege, der Katharina- und der Himmelsleiterweg (Infos: kulturvereinbrohl.de).

46 Der Friedhof »Unser Hafen«

Letzte Ruhe für Mensch und Tier

Einen historischen Friedhof betrachtet man gern als touristische Sehenswürdigkeit. Hier sind die Gräber überwuchert, die Inschriften kaum noch lesbar, und alles strahlt eine mystische Atmosphäre aus. Der Tod selbst ist weit weg, denn die Menschen wurden vor Jahrhunderten bestattet. Ganz anders bei einem modernen Friedhof. Hier kommt man dem Tod nahe, und das Sterben selbst wird zum Thema. Ein moderner Friedhof, dessen Besuch sich trotzdem »lohnt«, ist »Unser Hafen« auf einem bewaldeten Hügel südöstlich von Braubach, gegenüber der Spayer Rheinschleife gelegen.

Auf dem Gelände, das einst ein Bundeswehrdepot war, können seit 2015 Mensch und Tier gemeinsam bestattet werden. Inzwischen ist das in mehreren Städten möglich, aber Essen und Braubach/Dachsenhausen waren die Vorreiter dieser Bestattungsform. Bislang wurden ausschließlich die Urnen von Menschen, Katzen und Hunden beigesetzt, aber auch andere Haustiere wie Hamster oder Schildkröten könnten bestattet werden. Laut Bundesgesetzgebung sind Friedhöfe für Menschen vorgesehen. Tiere können aber juristisch als »Grabbeilage« angesehen werden, und von dieser Möglichkeit machen diejenigen Gemeinden Gebrauch, die die Einrichtung gemeinsamer Mensch-Tier-Friedhöfe erlauben. Auch heute noch ist diese Bestattungsform nicht selbstverständlich und liefert Diskussionsstoff. So befürchtet mancher, dass die kulturellen Unterschiede zwischen Mensch und Tier verwischt würden.

Dabei hat es die gemeinsame Bestattung immer schon gegeben, nur halt im Verborgenen. Bei manchem Jägergrab stellten aufmerksame Beobachter fest, dass das Grab genau zu dem Zeitpunkt frisch bepflanzt wurde, nachdem der treue Jagdhund gestorben war. Die Gräber auf dem Friedhof »Unser Hafen« lassen die enge Verbindung zwischen Mensch und Haustier spüren.

Adresse Zum Dinkholder, 56340 Dachsenhausen | **Anfahrt** von der B 42 auf L 327, der Straße folgen bis auf Dachsenhäuser Straße (L 335), bei Dachsenhausen rechts auf die L 334, dann rechts auf Zum Dinkholder | **Tipp** Das Rhein-Taunus-Krematorium bietet Führungen an (Zum Dinkholder 1, rhein-taunus-krematorium.de).

47 Die Aldegundiskapelle

Marktplatz außer Dienst

Wenn man die mitten im Wald gelegene Wiese betritt, glaubt man kaum, dass man sich noch im Oberweseler Stadtwald befindet. Idyllisch ist der von uralten Laubbäumen umstandene Ort gelegen, der offiziell »Wüstung St. Aldegund« genannt wird und den man nur über Waldwege erreicht. Wir stehen auf uraltem Siedlungsgrund, auch wenn davon nicht mehr viel übrig ist.

1171 wird ein St. Adelgund erstmals erwähnt, das sich im Besitz des Klosters Springiersbach befand. Auch ein Weinberg findet Erwähnung, was aus heutiger Sicht seltsam erscheint. Klarer wird die Geschichte erst im 18. Jahrhundert, als es in der Gegend nur so von Einsiedeleien wimmelte. Eine davon war mit der Kirche St. Aldegundis verbunden. Bis zum Jahr 1794 wohnten hier Paulus Ternes und ein zweiter Eremit, danach wurden Klause und Kapelle zerstört. Die Glocke von 1719, eine hölzerne Statue der heiligen Aldegundis sowie ein Messgewand wurden gerettet und sind bis heute erhalten.

Ein Förderkreis um den legendären Polizeipräsidenten Peter Malmen errichtete 1975 eine neue Kapelle, wo einst die Kirche stand. »Malmens Pitter«, wie er auch genannt wurde, war ein frommer Mann, der sich sehr für den katholischen Glauben einsetzte. Die offene Kapelle, die das Gedenkkreuz, das an die Eremitage erinnert, überdacht, enthält einen gemauerten Altar und Sitzbänke. Jedes Jahr am Tag des Apostels Jakobus wird ein Waldgottesdienst gefeiert. Dann läutet die alte Glocke, die Holzfigur der Aldegundis wird aufgestellt, und der Priester trägt das historische Messgewand.

Der Marktplatz Aldegundis wird erstmals 1767 als Kram- und Viehmarkt erwähnt, dürfte aber weitaus älter sein. Im Gedenken an diese Tradition wandelte sich einmal im Jahr der Wald zu einer Verkaufs- und Vergnügungsmeile mit buntem Markttreiben. 2022 beschloss der Stadtrat das Ende des Aldegundismarkts. Nur der Gottesdienst, der ist geblieben.

Adresse St.-Aldegundis-Straße, 55432 Damscheid | Anfahrt von der B 9 in Oberwesel auf Schaarplatz, rechts in Rathausstraße, hinter dem Kulturhaus den Heumarkt hochfahren, bis Damscheid, auf St.-Aldegundis-Straße, bis zum Wanderparkplatz am Waldlehrpfad, zu Fuß durch den Wald bis zur Kapelle | Tipp Die katholische Pfarrkirche in Damscheid aus dem 12. Jahrhundert samt Bußkreuz und Kriegerdenkmal lohnt den Besuch.

48 Der Waldlehrpfad

Das Waldklassenzimmer

Eindrucksvoll und wappengeschmückt steht das große Holztor am Eingang zum Waldlehrpfad. Links, auf dem Damscheider Wappen, erkennt man eine grüne Fichte. Das ist kein Zufall, denn Damscheid ist eine der waldreichsten Gemeinden im Rhein-Hunsrück-Kreis. Bevor man durch das Tor schreitet, sollte man ihm aber erst einmal den Rücken zukehren und den Blick auf den Taunus genießen. Wer mag, kann sich dazu bequem auf einer Holzliege niederlassen. Dann aber sollte es zügig in den Wald gehen, auf den 1,5 Kilometer langen lehrreichen Pfad.

Seit 2012 gibt es ihn, der eine Fläche von sieben Hektar umfasst. An Insektenhotels kann man die kleinen Waldbewohner beobachten, in den Sommermonaten auch einen Bienenstock hinter Glas. Auf Tafeln kann man sich über das alte Handwerk der Zeidler genannten Waldimker informieren. Wenn man Glück hat, begegnet man sogar einem leibhaftigen Zeidler. 60 Baumarten findet man im Arboretum, einem ein Hektar großen Areal, das vor Wildverbiss geschützt ist. Besonderes Highlight ist die Köhlerhütte, die als Nachbau auf einer historischen Köhlerplatte errichtet wurde. Die Gewinnung von Holzkohle aus den heimischen Wäldern war einst ein wichtiger Wirtschaftsfaktor. Dabei wird das Holz in einem Kohlenmeiler unter gehöriger Rauchentwicklung verschwelt. Erst mit der verstärkten Gewinnung von Steinkohle ging die Köhlerei ab dem 18. Jahrhundert zurück. Die Köhlerhütte auf dem Waldlehrpfad ist kein reines Schauobjekt. Bereits mehrfach wurde sie in den letzten Jahren genutzt, um auf traditionelle Weise Holzkohle aus Eichen- und Buchenholz herzustellen.

Ein wahres Freilichtmuseum ist der Waldlehrpfad, der von den Damscheider Bürgern aufgebaut wurde. Und dies alles so kenntnisreich und liebevoll, dass der Besuch sich generationsübergreifend lohnt. Auch wenn man gerade keinen Bedarf an Unterricht im Waldklassenzimmer hat.

Adresse St.-Aldegundis-Straße, 55432 Damscheid | **Anfahrt** von der B 9 in Oberwesel auf Schaarplatz, rechts in Rathausstraße, hinter dem Kulturhaus den Heumarkt hochfahren, bis Damscheid, auf der St.-Aldegundis-Straße bis zum Wanderparkplatz am Waldlehrpfad | **Tipp** Der Waldlehrpfad lässt sich hervorragend mit einem Besuch der der St.-Aldegundis-Kapelle verbinden.

49_Der Kirschenpfad

Geisepitter und Kesterter Schwarze

Der Filsener Kirschenpfad ist ein touristisches Produkt, das auf Webseiten und in Hochglanzprospekten professionell vermarktet wird. Durchaus zu Recht, denn bis zur Mitte des 20. Jahrhunderts war der Mittelrhein ein Kirschenparadies.

Ab dem 13. bis 14. Jahrhundert werden erste Obstgärten erwähnt, aber erst in der zweiten Hälfte des 18. Jahrhunderts begann man in Salzig mit dem kommerziellen Kirschenanbau. Kirschmärkte wurden abgehalten und die Früchte bis nach Holland und England exportiert. Ende des 19. Jahrhunderts entstanden regelrechte Kirschzentren am Mittelrhein – und Filsen war eins davon.

Nach der Reblauskatastrophe sattelten viele Winzer auf Kirschen um, was dem Obstanbau weiteren Auftrieb gab. Dabei wurde eine Vielzahl von Süßkirschensorten lokal angebaut. Mit dem Zweiten Weltkrieg ging der Süßkirschenanbau zurück, und der Kirschenanbau am Mittelrhein erlangte mit der Hinwendung zur Sauerkirsche eine zweite Blüte. 1958 standen im Kirschanbaugebiet des nördlichen Mittelrheintals mehr als 370.000 Kirschbäume. Mitte der 1960er Jahre aber wendete sich das Schicksal des mittelrheinischen Kirschenanbaus erneut. Der Handel verlangte größere Partien einheitlicher Qualität, die Einfuhr aus Südeuropa nahm zu, und der Mittelrhein verlor dadurch seine klimatische Sonderstellung. 1983 wurde der Koblenzer Großmarkt geschlossen. Als Großproduzent hatte der Mittelrhein seine Bedeutung verloren.

Auf dem Kirschenpfad kann man sie noch erleben, exotische Sorten wie die Geisepitter oder die Kesterter Schwarze. Mehr als 80 Kirschsorten wurden neu angepflanzt und dienen auch dem genetischen Erhalt der Sorten. Wenn Sie zur richtigen Zeit auf dem Filsener Kirschenpfad wandern, dann sollten Sie sie natürlich auch vom Baum pflücken und probieren. Mit der Sortenvielfalt der Mittelrheinkirsche ist auch eine geschmackliche Vielfalt verloren gegangen, die die namenlose Supermarktkirsche nicht bieten kann.

Adresse Taunusstraße, 56341 Filsen | **Anfahrt** von der B 42 auf Oberstraße in Filsen, rechts in Taunusstraße, am Ende der Straße parken, zu Fuß weiter auf dem Kirschenpfad | **Tipp** Direkt am Eingang zum Kirschenpfad steht das alte Wasserwerk von 1926.

50 Die längste Bank am Rhein

Dorf der Superlative

Keine 1.000 Einwohner hat Filsen und ist doch ein Dorf der Superlative. Der Ort verfügt über einige hübsche Fachwerkhäuser. Besonders sticht das alte Rathaus von 1611 heraus, eines der wenigen noch erhaltenen, die über einen Torbogen gebaut wurden. Nämlich über ein mittelalterliches Tor, die sogenannte Wachport. An den Torbogen ist das ehemalige Gemeindebackhaus angebaut, über dem Tor wohnte der Schullehrer, und der alte Rathaussaal war bis 1881 Schulsaal. Auf einer Plattform, zu der eine Steintreppe von der Oberstraße führt, stand einst ein Wachhäuschen für den Nachtwächter. Mit dem Tor wurde das Dorf nachts abgeschlossen.

Nun aber zu den eigentlichen Superlativen. Filsen liegt in der größten Rheinschleife. Nur leider sieht man die Schleife vom Filsener Rheinufer aus nicht, sondern lediglich entweder aus der Luft oder von der Höhe am gegenüberliegenden Ufer. Zum Beispiel vom Aussichtspunkt Gedeonseck. Wenn man denn schon den naturgegebenen Superlativ nicht standesgemäß genießen kann, dachten sich die Filsener, dann schaffen wir uns einfach unseren eigenen. Sie stellten eine 57,2 Meter lange Holzbank an das Rheinufer, passend zum Rheinkilometer 572. Es ist die längste Holzbank am gesamten Rhein.

Unweit der Bank liegen Baumstämme am Ufer, die mit einem Brett verbunden sind und über eine Art einfaches Ruder verfügen. Am 24. Juni 2001 hat Rüdiger Nehberg mit einem acht Meter langen Baumstamm, gemeinsam mit 22 Passagieren, den Rhein überquert. Nehberg, auch »Sir Vival« genannt, setzt sich seit Langem für indigene Völker ein und überquerte bereits dreimal den Atlantik mit allerhand eigentümlichen Fahrzeugen. Jetzt ist das Filsener Rheinufer nach ihm benannt.

Sie müssen selbst entscheiden, ob die längste Bank am Rhein so gemütlich ist, dass sie sich darauf niederlassen möchten. Ein cleverer Superlativ wurde hier aber auf jeden Fall geschaffen.

Adresse Rheinuferstraße, 56341 Filsen | Anfahrt Die Bank liegt direkt an der Rheinuferstraße (B 42) und ist nicht zu übersehen. | Tipp Besuchen Sie das alte Rathaus (Obere Großgasse) mit der Wachport.

51 Die Burgruine

Der Ehestreit auf der ältesten Burg

Hammerstein hat weniger als 500 Einwohner, kann aber mit mindestens drei Superlativen aufwarten: Das Weingut Scheidgen ist das größte im gesamten Anbaugebiet, die beiden Glocken der Pfarrkirche St. Georg und die Burgruine sind jeweils die ältesten des Mittelrheintals. Die Ruine will auch heute noch erobert werden, denn bequem mit dem Auto vorfahren kann man nicht. Dafür wird man an mehreren Stellen mit einem Ausblick über das Rheintal belohnt – wie so viele Rheinromantiker zuvor, die auf dem 195 Meter hohen Basaltkegel gestanden haben.

Errichtet wurde die Burg, in der zeitweise die Reichsinsignien aufbewahrt wurden, im 10. Jahrhundert. Schon bald spielte sich dort ein jahrelanger Konflikt ab, der als Hammersteiner Ehestreit in die Geschichte einging. Otto von Hammerstein heiratete damals die im siebten Grad verwandte Irmingard von Verdun. Der Mainzer Erzbischof Erkanbald verweigerte der Ehe aus machtpolitischen Gründen die Anerkennung, aber Otto von Hammerstein wollte sich nicht daran halten. Er überfiel den Bischof, versuchte ihn gefangen zu nehmen, woraufhin Kaiser Heinrich die Burg Hammerstein belagerte. Und das, obwohl er mit Otto verwandt war. Weihnachten 1020 mussten Otto von Hammerstein und sein Gefolge ausgehungert kapitulieren. Doch der Streit war damit noch lange nicht beendet. Irmingard sprach persönlich beim Papst vor, der dem Erzbischof, inzwischen Erkanbalds Nachfolger Aribo, daraufhin das Pallium, sein Amtsabzeichen, entzog. Schließlich wurde Aribo sogar zu einem Bußgang nach Rom genötigt, um das aberkannte Pallium zurückzuerhalten. Ob er es bekommen hat, ist nicht bekannt, weil er auf der Rückreise in Como starb.

Die Zerstörung der Burg war aber nicht die Folge des Ehestreits. Sie geht auf das Konto kurtrierischer Truppen, die sie im Jahr 1654 schleiften. Immerhin, die Reste des Rundturms sind auch von unten noch gut zu erkennen.

Adresse Kapellenstraße, 56598 Hammerstein (als Ausgangspunkt der Wanderung) | **Anfahrt** in Hammerstein in der Kapellenstraße parken und zu Fuß auf dem Wirtschaftsweg parallel zur B 42 Richtung Leutesdorf gehen, der Ausschilderung zur Burgruine folgen, die man nach circa 20 Minuten erreicht | **Tipp** Die Besichtigung der Hammersteiner Pfarrkirche St. Georg in der Hauptstraße 16 mit dem einzigen romanischen Doppelgeläut Deutschlands aus dem 11. Jahrhundert bietet sich schon vor der Wanderung zur Burgruine an.

52 Der Spielplatz Rheinfloß

Einmal Floßmeister sein

Es gibt viele ideenlos gestaltete und ungepflegte Spielplätze. Manche sind so modern, dass selbst phantasievollste Kinder sich fragen mögen, was der tiefere Sinn mancher Spielgeräte ist. Der Spielplatz Rheinfloß jedenfalls gehört zu keiner dieser Kategorien. Die Idee, mit einem Holzfloß, auf dem sich eine Holzhütte befindet, auf die große Tradition der Rheinflöße anzuspielen, ist einfach gut. Und bespielbar ist sie auch.

Die Mittelrhein-Flöße hatten mit einer Länge von bis zu 300 Metern und einer Breite von bis zu 70 Metern gewaltige Ausmaße. Sie wurden in kleineren Einheiten über die Nebenflüsse an den Rhein gebracht und erst dort zusammengesetzt. Sie bestanden aus bis zu vier Lagen von Baumstämmen, die untersten waren besonders schwimmfähige Tannen und Fichten. Eichen und Buchen bildeten die oberste Lage. Auf dem Floß wurden mehrere Holzhütten errichtet, als Schlafstätten, Küche und Proviantkammern. Insofern deutet das Spielplatzfloß mit der Hütte und dem Weinfass die wichtigsten Aufbauten an. Wasser musste man damals nicht auf die Fahrt mitnehmen, weil man das Rheinwasser noch trinken konnte. Der Floßkapitän wurde Floßmeister genannt, die Hilfskräfte der bis zu 300 Mann umfassenden Besatzung erst Tiroler, später Kosaken. Ziel der Flößer war das südholländische Dordrecht. Dort wurde das Holz verkauft, die Hilfskräfte wurden entlohnt und entlassen. Die Ausrüstung der Flöße wurde mit Treidelschiffen zurückgebracht. Die Flößer selbst gingen die rund 400 Kilometer lange Strecke von Dordrecht nach Kamp zu Fuß zurück.

Die Flößerei wurde von der Eisenbahn verdrängt, hielt sich am Rhein aber vergleichsweise lange. Erst 1968 schwamm das letzte gewerbliche Rheinfloss den Fluss hinunter, der Floßmeister stammte aus Kamp. Unterhalb des Rathauses von Kamp-Bornhofen und des Schiffermasts liegt eine Sandbank im Rhein. Hier war einst der Liegeplatz der Rheinflöße.

Adresse Marienstraße, 56341 Kamp-Bornhofen | **Anfahrt** von der B 42 (Rheinuferstraße) in Marienstraße, hinter der Bahnunterführung links und der Marienstraße bis zur Hausnummer 94 folgen | **Tipp** Besuchen Sie das Flößer- und Schiffermuseum im Rathaus (floesser-schiffermuseum.kamp-bornhofen.de).

53 Die alte Brauerei

Kolonialwarennostalgie

Wenn man Anfang des 20. Jahrhunderts die Dinge des Alltags einkaufen wollte, hat man sich nicht ins klimatisierte Auto gesetzt, ist zum nächsten Supermarkt gefahren und hat den Kofferraum seines SUV vollgeladen. Stattdessen ist man zum nächstgelegenen Tante-Emma-Laden gelaufen. Man hat ein Schwätzchen mit dem Besitzer gehalten, die neuesten Gerüchte erfahren und seinen Einkauf in Mark und Pfennig bezahlt. Vielleicht sind Sie ja auch so jung, dass Sie nicht glauben können, dass es einst nur ein Telefon in der Gaststätte gab, das an der Wand hing. Und dass es Fahrzeuge gab, deren Motor per Hand zum Laufen gebracht werden musste.

Es ist diese Zeit, von der Roman Runkel fasziniert ist und die ihn dazu inspiriert hat, einen »Colonialwarenhandlung« genannten Museumsladen einzurichten. Angefangen hat Runkels Sammelleidenschaft vor über 30 Jahren mit Melitta-Kaffeefiltern, Nudelhölzern, Kaffeedosen und Emailleschildern. Dann wuchs die Leidenschaft, und es kamen Oldtimer-Traktoren, Zirkuswagen und das erste Kinderkarussell hinzu. Doch wohin mit all diesen Sammlerstücken? Im Jahr 2006 ergab sich für Runkel die Gelegenheit, das Gelände der alten Steffens-Brauerei in Kasbach zu übernehmen. Vormals ein Kloster, liegt das Gelände wundervoll in die Landschaft eingebunden, die Kasbachtalbahn rattert auf der Höhe gegenüber vorbei. Das Bier der kleinen Privatbrauerei kann man in Runkels Gaststätte immer noch trinken, hergestellt wird es aber inzwischen außerhalb der Region.

Roman Runkel hat eine kunterbunte Erlebnisgastronomie aufgebaut, mit Gaststube, alter Kelterei, einer Backstube, einem Weinkeller und ein paar Hotelzimmern. Und mit viel Platz für all seine Sammlerstücke, wobei der schmale Grat zwischen Messi-Sammlung und Museum durchaus gelingt. Inzwischen führt sein Sohn Peter das Geschäft, den Vater können Sie ab und an im Fernsehen erleben.

Adresse St. Severinsberg 1, 53547 Kasbach-Ohlenberg | Anfahrt von der B 42 in Kasbachtalstraße und bis zum Ende folgen | Öffnungszeiten Sa, So 11–20 Uhr, Mi, Fr 12–20 Uhr | Tipp Die alte Brauerei ist eine Haltestelle der Kasbachtalbahn. Bitte einsteigen!

54 Die Motocross-Strecke

Kultstrecke

Man fühlt sich ein wenig an das schleswig-holsteinische Wacken erinnert, wenn im Sommer eingefleischte Fans nach Kasbach-Ohlenberg strömen. Nur dass es ihnen nicht um harte und laute Musik geht, sondern um PS, Geschicklichkeit und Geschwindigkeit. Mit einer Länge von 1.120 Metern, sieben Rechtskurven, fünf Linkskurven und zehn Sprüngen hat die Motocross-Strecke Kasbach-Ohlenberg internationales Format. Vom Fahrerlager hat man den perfekten Blick auf die Rennstrecke, die am Starthäuschen unter dem Vereinslogo beginnt.

Dann kann man die Fahrer dabei beobachten, wie sie auf ihren Maschinen und in bunter Schutzkleidung über den hellbraunen, stets gewässerten Lehmboden rasen. Gekonnt legen sie sich in die Kurven und setzen zu waghalsigen Sprüngen an. Die Maschinen erreichen auf der kurzen Strecke eine Durchschnittsgeschwindigkeit von 48 Kilometern pro Stunde, brauchen also nicht einmal eineinhalb Minuten für eine Umrundung. Zugelassene Fahrzeuge sind Motocross, Enduro und Quad. Der Moto Cross Club Ohlenberg e. V. (MCC) existiert seit 1974 und hat inzwischen mehr als 150 Mitglieder. Der MCC und seine Mitglieder genießen national wie international einen exzellenten Ruf. Der Club organisiert regelmäßig Veranstaltungen im Rahmen des Deutschen Amateur-Motocross-Verbands (DAMCV) sowie Europameisterschaften des Internationalen Motorsport Bunds für Amateure (IMBA). Auch die Lizenzfahrer des MCC fahren immer wieder Meister- oder Vizemeistertitel in verschiedenen Leistungsklassen ein.

Die Pflege der Strecke ist nicht ohne: Mehrere Sprinkleranlagen sorgen dafür, dass der Parcours optimal befahrbar bleibt. Und mehrmals im Monat rücken Baumaschinen an, um Spurrillen und Bremswellen zu beseitigen. Machen Sie sich im Sommer auf den Weg nach Kasbach-Ohlenberg, schnuppern Sie internationale Motorsport-Luft und genießen Sie den Ausblick in die weite Landschaft!

Adresse Gartenstraße, 53547 Kasbach-Ohlenberg | Anfahrt von der B 42 Abfahrt Kasbach-Ohlenberg, der Vorfahrtstraße nach Ohlenberg folgen, über Hauptstraße und rechts in Gartenstraße | Öffnungszeiten Trainingszeiten Apr.–Okt. Mi, Sa 15–17 Uhr, Nov.–März Mi, Sa 14–18 Uhr, Infos: mcc-ohlenberg.de | Tipp Wenn Sie nach Ohlenberg in die Röttgenstraße fahren, kommen Sie zum Mehrgenerationenplatz mit Kletterfelsen und Fitnessgeräten für Jung und Alt.

55 Die Galgen im Niedertal

Jedem Fürsten sein Galgen

Noch immer markiert der Niedertalbach eine Grenze, nämlich die zwischen Rheinland-Pfalz und Hessen. Das bedeutet, dass man hier vom Weinanbaugebiet Mittelrhein bereits in den Rheingau gelangt, obwohl der rechtsrheinische Abschnitt bis nach Bingen geologisch eindeutig dem Mittelrhein zuzurechnen ist. Ärgerlich für den Mittelrheinwein, gehen ihm doch so berühmte Weinorte wie Lorch und Assmannshausen durch die Lappen. Aber die Politik wollte es anders, dies belegen Grenzsteine, die man noch heute im Wald findet.

Mit dem Niedertal sind wir auch mittendrin im historischen Freistaat Flaschenhals. Der existierte kurz nach dem Zweiten Weltkrieg, weil die US-amerikanischen und die französischen Besatzer um ihre Zonen Kreise zogen, die sich jedoch nicht berührten. Das Niemandsland dazwischen gab sich den ironischen Namen Flaschenhals und druckte sogar eigenes Notgeld. Das lässt sich heute ganz prima touristisch vermarkten.

Früher hat man auf recht martialische Weise deutlich gemacht, dass diesseits und jenseits der Grenze die jeweilige Polizeigewalt ausgeübt wurde. Auf Stichen aus dem 18. Jahrhundert erkennen wir die zwei Galgen im Niedertal. Auf dem südlichen Felsen, auf dem heute ein kleines Windrad steht, befand sich bis ins frühe 19. Jahrhundert der Galgen von Kurmainz. Die Hinrichtungsstätte von Kurpfalz war auf der anderen Seite des Tals, auf dem Felsen direkt gegenüber. Es ist überliefert, dass der kurpfälzische Galgen ein schlichtes Zweibein, der kurmainzische hingegen ein imposanteres Dreibein gewesen sei, das auch deutlich bevölkerter war.

Heute ist die Gegend, in der sich früher nur die Toten länger aufhielten, bewohnt. Ob die Anwohner sich manchmal gruseln? Oder schützt sie ihr Nichtwissen? Jedenfalls können wir froh sein, dass Galgen aus dem Landschaftsbild verschwunden sind, da die Todesstrafe zumindest in Europa verboten ist.

Adresse Niedertal, 56349 Kaub | Anfahrt südlich von Kaub an der B 42 beim Bahnübergang parken (bei Bacharacher Werth) und zu Fuß die Bahnlinie überqueren | Tipp Fahren Sie über die B 42 nach Kaub. Die kleinste Stadt in Rheinland-Pfalz bietet eine Menge Sehenswürdigkeiten.

56 Der Roßstein

Rauchiger Riesling

Seit Langem besitzt der Kauber Roßstein einen legendären Ruf. Der Name des Weinbergs geht darauf zurück, dass die Oberweseler Bürger hier einst ihren Flachs rösteten. Man kann den Roßstein gut vom Oberweseler Rheinufer aus sehen oder ihn auf dem Rheinsteig erwandern. Was aber ist an ihm so besonders?

Er ist nach Süden ausgerichtet und profitiert von der wärmeausgleichenden Wirkung des Wassers. Vor allem aber ist er extrem steil, mit bis zu 90 Prozent Hangneigung. So wird die Intensität der Sonneneinstrahlung maximiert, aber die Bearbeitung ist natürlich entsprechend mühsam. Hinzu kommt, dass die Reben wurzelecht, also nicht gepfropft, und bis zu 110 Jahre alt sind. Ihre Wurzeln reichen bis zu 15 Meter tief in den kargen Schieferboden und sichern ihre Wasserversorgung auch in trockenen Jahren.

Um den Weinberg bearbeiten zu können, hat man ihn durch Trockenmauern in kleine Parzellen, sogenannte Chöre, aufgeteilt. An Sonnentagen heizen sich die Trockenmauern so sehr auf, dass ein warmer Wind bis zu den höchsten Chören aufsteigt und sie zusätzlich erwärmt. Die Lage befindet sich im Alleinbesitz des Weinguts Weiler-Fendel in Oberwesel. Leicht hat es der Roßstein Stephan Fendel in den letzten Jahren nicht gemacht. Erst baute die Bahn einen Zaun quer durch den Weinberg, dann kam das Muffelwild und fraß die Beeren. Man sagt ja, dass exzellenter Wein nur unter Qualen entstehen könne – auf den Roßstein trifft das zu.

Kenner behaupten seit jeher, die Rieslinge vom Roßstein würden rauchig riechen. Früher war man sich sicher, dass das am Rauch der Dieselloks lag, die direkt am Weinberg vorbeifuhren. Aber auch nach der Elektrifizierung der Bahn ist der Geruch geblieben. Liegt es vielleicht doch am Schieferboden, dass der Wein so mineralisch schmeckt? Hoch oben auf dem Roßstein wacht jedenfalls ein Christopherus, der das Jesuskind trägt. Hat der Weinberg deshalb die vielen Krisen überstanden?

Adresse Rheinuferstraße, 56349 Kaub | Anfahrt Von der B 42 in Kaub auf Kreuzweg, rechts in Schulstraße, über Kirchplatz weiter in Blücherstraße, der L 339 nach Dörscheid folgen, in Weseler Straße und links in Kauber Straße bis zum Weingut Fetz. Hier ist der Einstieg zum Rheinsteig, der zum Roßstein führt. | Tipp Der Roßstein liegt auf der Etappe des Rheinsteigs von Kaub nach St. Goarshausen. Die gesamte Strecke ist 21,5 Kilometer lang, vom Weingut Fetz aus sind es nur 18 Kilometer bis zum Ziel.

57 Die Freileitungskreuzung

Rhein unter Strom

Egal, ob Sie auf dem Rheinsteig wandern oder direkt hierhergefahren sind, um die Rhein-Freileitungskreuzung zu bestaunen: Zuerst müssen Sie unbedingt in Uschis Wanderstation einkehren. Sollten Sie Ihr Getränk oder Ihren Snack draußen einnehmen, können Sie schon mal einen Blick auf die Freileitungen werfen, die den Hof überspannen. Und ein Gespräch über Elektrosmog führen.

Wenn Sie auf dem Rheinsteig Richtung St. Goarshausen wandern, sehen Sie bereits die Hochstrommasten mit den Leitungen, die in Richtung Rhein geführt werden. Es lohnt sich, über die Wiese bis zum Ende der Stromtrasse zu laufen und die sogenannte Freileitungskreuzung aus der Nähe zu betrachten. Kreuzung meint in diesem Fall übrigens nichts anderes, als dass ein Hindernis, zum Beispiel ein Fluss, gekreuzt wird. Wenn Sie hinunter auf den Rhein schauen, sehen Sie, wie die Hochstromleitungen sich auf die andere Seite schwingen. Fast hat man den Eindruck, sie würden das Wasser berühren. Das tun sie aber natürlich nicht.

Zwischen Oberkestert und Hirzenach fließt seit 1936 Hochstrom über den Rhein. Die Stromtrasse ist Teil der 110-Kilovolt-Verbindung zwischen den Umspannwerken Dörth und Nochern. Sie ist die einzige Freileitungsquerung des Rheins zwischen Bingen und Koblenz. Eine Besonderheit der Freileitung, deren Spannweite 734 Meter beträgt, ist, dass die vier Leitungen eines Hochstrommasts auf vier einzelne Masten aufgeteilt werden. Auf der anderen Seite stehen also wieder vier Masten, die die Leitungen aufnehmen und im nächsten Hochspannungsmast bündeln.

Solche Konstrukte sind in manchen Ländern wie Norwegen durchaus häufig, in Deutschland aber sehr selten. Was den Elektrosmog angeht, gilt natürlich, dass die Magnetfeldstärke mit zunehmendem Abstand stark abnimmt. Der Aufenthalt in Uschis Wanderstation ist in diesem Sinne völlig gefahrlos. Der Rhein aber, der steht hier unter Strom.

Adresse Uschis Wanderstation, Landstraße 5, 56348 Kestert | **Anfahrt** in Kestert von der B 9 auf Eisenbahnstraße, links in Landstraße bis zu Uschis Wanderstation, von dort auf dem Weg weitergehen, bis man die Freileitungen sieht | **Tipp** Von der Freileitungskreuzung kann man den Rheinsteig weiterwandern und den Abzweig zur Pulsbachklamm nehmen.

58 Der Baareschesser

Den Nachbarn den Hintern zugekehrt

In Bronze gegossen, den Kopf in die Hände gestützt, sitzt der Baareschesser seit 1992 am Lahnufer und verrichtet seine Notdurft in einen kastenförmigen Trog. Wie kommt Niederlahnstein zu einer so eigenwilligen Skulptur an solch prominenter Stelle?

Baareschesser ist seit dem Mittelalter ein Spottname für die Niederlahnsteiner. Eine Erklärung leitet den Namen vom französischen Wort Barriere ab, eine Anspielung auf Sandbänke, wie sie sich früher oft an der Lahnmündung bildeten. Deutlich kreativer ist der zweite Erklärungsansatz: Niederlahnstein bestand bis ins 19. Jahrhundert nur aus den Häusern an der Lahn und ein paar Seitengässchen. In Ermangelung frischen Quellwassers mussten sich die Niederlahnsteiner mit Grundwasser versorgen und verzichteten deshalb auf die Anlage von Sickergruben. Zur Sauberhaltung des Grundwassers verrichteten sie ihre Notdurft in Pfannen, tragbare Tröge oder Kästen, die »Baare«, die sie sodann in den Fluss entleerten. Dabei wurden sie erstaunt und amüsiert von den Oberlahnsteinern beobachtet, und so dauerte es nicht lange, bis die Niederlahnsteiner ihren Spitznamen weghatten.

Dass die Skulptur des Baareschessers sein blankes Hinterteil in Richtung Oberlahnstein hält, ist sicher kein Zufall. Es war ausgerechnet der Oberlahnsteiner Bürgermeister Fritz Berlin, der die Baareschesser-Skulptur schuf.

Natürlich haben auch die Oberlahnsteiner einen Spitznamen, man nennt sie die »Heinze«. Der Heinz war der Gemeindebulle, der auf einer großen Wiese an der Lahn, der Heinzewiese, graste. Auch die Niederlahnsteiner Bauern nutzten die Wiese und kommentierten dies mit den Worten »Mir giehn bei die Heinze«. Fritz Berlin, der auch eine Heinze-Skulptur geplant hatte, fasste mit den schönen Worten zusammen: »Rechts der Lahn, das muss mer wisse, wurde in die Bahr geschisse. Links der Lahn, das war Kur-Mainz, da sagt man zum Stier noch Heinz.«

Adresse Fährweg, 56112 Lahnstein | **Anfahrt** B 42, Ausfahrt Kaserne, der Kölner Straße folgen, rechts in Johann-Baptist-Ludwig-Straße, hinter der Bahnunterführung links durch den Nauling in Johannesstraße, parken und zum Lahnufer spazieren | **Tipp** Kehren Sie bei Rosi ein, in der Kultkneipe mit dem schönen Namen Baareschesser (Johannesstraße 3).

59 Die Imkerei im Süßgrund

Bee organic

Kann es eine passendere Adresse für eine Bio-Imkerei geben als »Im Süßgrund«? Wenn man auf das Gelände zufährt, sieht man ein mit dunklem Holz verkleidetes Gebäude, Bäume und Wiesen, dazwischen spitze rote Tipis. Julian Detemple, hoch aufgeschossen und schlank, mit heller Rastafrisur, ist Herr über dieses kleine grüne Paradies.

Ehemals war hier der Jugendzeltplatz Friedrichssegen, der Anfang der 1980er Jahre errichtet wurde. Im Wirtschaftsgebäude, heute das Hauptgebäude der Imkerei, befanden sich Küche, Büro, Aufenthaltsraum und Sanitäranlagen. Übernachtet haben die Jugendlichen in den tipiartigen Köhlerhütten. Das sind achteckige Spitzzelte aus Holz, die mit sieben oder 14 Schlafplätzen ausgestattet waren. Insgesamt fanden 56 Personen in den Hütten Platz. 2012 musste der Zeltplatz schließen, weil er trotz guter Auslastung nicht kostendeckend betrieben werden konnte.

Die Imker Justus Mayer und Julian Detemple waren es, die das Gelände 2015 pachteten. Nach dem Umbau zur Imkerei wird dort, wo sich einst die Mädchentoilette befand, der Honig verarbeitet. Inzwischen hat Detemple seine Bienen in Lahnstein auch Am Allerheiligenberg sowie in der Wilhelmstraße mitten in der Stadt stehen. In den letzten Jahren hat ihm, wie leider vielen Imkern, das Bienensterben schwer zugesetzt und seine Völker dezimiert. Aber er ist fest entschlossen weiterzumachen. Überhaupt sprüht Detemple nur so vor Ideen und spielt mit dem Gedanken, die Köhlerhütten eines Tages wieder bewohnbar zu machen. Auch für ein Kunstprojekt engagiert er sich, das ebenfalls den Weg in den Süßgrund lohnt.

Gemeinsam mit David Hardy hat er das »Forestival« ins Leben gerufen. Mehr als 30 Künstler von verschiedenen Kontinenten kommen dazu nach Lahnstein, um ihre Kunstwerke auf zwei Rundwegen in der Natur des Süßgrunds auszustellen. Vielleicht sind Sie beim nächsten Mal auch dabei?

Adresse Im Süßgrund 9a, 56112 Lahnstein | Anfahrt von der B 260 auf K 67 Richtung Friedrichssegen, rechts auf Ahl, links auf Im Süßgrund | Öffnungszeiten Infos: beeorganic.de | Tipp Geht man weiter in den Süßgrund hinein, erreicht man Haus Jungfried, ein 1922 gebautes Haus mit anthroposophisch geprägten Formen.

60 Die Jerusalem-Apotheke

Wie vor 150 Jahren

Wer heutzutage ein Medikament benötigt, hat eine Vielzahl von Möglichkeiten, es zu besorgen. Manche sind in Drogerien frei verkäuflich, andere bekommt man in der nächsten Apotheke. Und wenn der Weg zu weit ist, reichen ein paar Klicks, um im Internet zu bestellen und liefern zu lassen.

Vor 150 Jahren war dies in Lahnstein nicht ganz so einfach. Die nächstgelegene Apotheke gab es in Braubach, und dorthin musste man fahren, um Medikamente zu kaufen. Der Gemeinderat von Oberlahnstein bat deshalb die Wiesbadener Regierung um die Erlaubnis zur Errichtung einer Apotheke. Die Regierung beauftragte den Braubacher Apotheker Friedrich Wilhelm, eine Filiale zu eröffnen. Nach einer Zwischenlösung entstand im Jahre 1869 an der Ecke Westallee/Adolfstraße endlich die erste Apotheke in Lahnstein. Wilhelms Sohn war es, der die Apotheke im Jahr 1901 an den heutigen Standort verlegte. 1906 verkaufte Wilhelm die Apotheke an einen Apotheker aus Euskirchen, der sie schließlich 1910 an Wilhelm Jerusalem verkaufte. So kam das Haus zu dem Namen, den es bis heute trägt.

Die Ausstattung stammt unverändert aus dem Jahr 1925, als der Kundenbereich umgebaut, mit Holz vertäfelt und mit wertvollem Delfter Porzellan ausgestattet wurde. Die frühere Einrichtung wurde am 11. November 1944 durch eine vor dem Haus niedergehende Bombe zerstört, doch blieb das zu Anfang des Kriegs im Keller gesicherte Porzellan erhalten. 1949 wurde es wieder eingeräumt und ziert bis heute die Apotheke. Nach wie vor ziehen die Backsteinfassade, die bleiverglasten Blumenfenster sowie die vielen Standgefäße und Schubladen die Kunden an. In den Nebenräumen gibt es eine Menge antiker Objekte zu bestaunen, wie ein Destilliergerät, Apothekerschränke, diverse Gefäße und historische Bücher mit Rezepturen. Wenn man heute die Jerusalem-Apotheke betritt, fühlt man sich über 100 Jahre in der Zeit zurückversetzt.

Adresse Jerusalem-Apotheke, Hochstraße 17, 56112 Lahnstein | **Anfahrt** von der B 42 bergab in Rheinhöhenweg, weiter auf Ostallee und Burgstraße, rechts in Adolfstraße, links in Gutenbergstraße, links in Hochstraße | **Öffnungszeiten** Mo–Fr 8.30–18.30 Uhr, Sa 9–13 Uhr | **Tipp** Von der Apotheke sind es weniger als fünf Minuten zu Fuß zum Rheinufer. In Neubert's Café am Rhein kann man nicht nur prima sitzen, sondern auch eine Fahrkarte für eine Schifffahrt lösen.

61 Das Jugendkulturzentrum

Das Hundertwasser-Projekt

Friedrich Stowasser, besser bekannt unter seinem Künstlernamen Friedensreich Hundertwasser Regentag Dunkelbunt, war davon überzeugt, dass gerade Linien für die Menschen ungesund seien. Und dass der ebene Boden eine Erfindung der Architekten sei, durch die der Mensch die natürliche Beziehung zur Erde verliere. Die kunterbunten, organische Formen aufgreifenden Kunst- und Bauwerke des im Jahr 2000 verstorbenen Österreichers verzaubern uns bis heute.

Ganz im Sinne Hundertwassers hat das Jugendkulturzentrum Lahnstein, kurz JUKZ, 2008 ein spendenfinanziertes Sozial- und Kreativprojekt auf die Beine gestellt. Die Außenfassade neben dem Haupteingang wurde von Auszubildenden der Handwerkskammer Koblenz verputzt und mit Bruchkeramik neu gestaltet. Der Entwurf stammte von der Keramikmeisterin und freischaffenden Künstlerin Heidi Dörzbach-Scholl. Sie und ein Ausbildungsmeister leiteten die Arbeiten. Fast alle Bruchkeramikfliesen wurden von der Firma gefertigt, die von 1983 bis 2000 für alle Großprojekte von Hundertwasser die keramischen Bauteile und Fliesen herstellte. Das Ergebnis kann sich sehen lassen, auch wenn es nur ein kleinformatiger Anklang an die Großprojekte ist, die Hundertwasser selbst realisiert hat.

Der Vorläufer des heutigen JUKZ wurde 1975 als kleinstes deutsches Jugendkulturzentrum eröffnet und zog 1981 in das heutige Gebäude um. In seiner wechselvollen Geschichte erlebte das JUKZ Nachbarschaftsstreitigkeiten, Brandschäden und mit der Fußball-AG den Gewinn der deutschen Meisterschaft der Jugendkulturzentren. Heute versteht es sich als Haus der Generationen und bietet ein vielfältiges Programm von Konzerten über Lesungen bis hin zu diversen Workshops an. Heidi Dörzbach-Scholl leitet die Kreativkurse für Kinder, und ihr Werk im Hundertwasser-Stil ist sicherlich auch ein dezenter Hinweis darauf, dass man sich hier nicht verbiegen lassen will.

Adresse Wilhelmstraße 59, 56112 Lahnstein | Anfahrt von der B 42 in Ostallee, links in Frühmesserstraße, links in Wilhelmstraße | Öffnungszeiten Infos: lahnstein.de/freizeit-kultur/jugendkulturzentrum | Tipp Um die Ecke in der Burgstraße 34 liegt das Gasthaus Winzerhaus.

62 Die Kreuzigungsgruppe

Kunst oder Kitsch?

Es gibt Berge, auf denen ganz einfach eine Kirche stehen muss. Ein solcher ist der Allerheiligenberg über der Lahnmündung. Die Aussicht auf die Täler von Lahn und Rhein ist beeindruckend. Man nimmt an, dass hier schon früh eine Kultstätte stand, doch erst im Jahr 1671 errichtete der Frühmesser Johann Philipp Trarbach eine Kapelle »zu Ehren der Allerheiligsten Dreifaltigkeit, der Muttergottes und aller Heiligen«. Seitdem trägt die Anhöhe den Namen »Allerheiligenberg«.

Der Berg entwickelte sich schnell zum Wallfahrtsort, es entstanden eine Eremitage und ein Wallfahrtsweg. Noch heute findet man einige Rosenkranzkapellchen am Weg auf den Berg. Nach dem Deutsch-Französischen Krieg von 1870/71 sollte auf dem Allerheiligenberg eine neue Kapelle zum Gedenken an die Gefallenen gebaut werden. Dies geschah um die Jahrhundertwende nach Plänen des Freiburger Architekten Max Meckel im neugotischen Stil, der damals mächtig en vogue war. Im Chor der Kirche hängt noch das barocke Gnadenbild der Madonna im Rosenkranz, das aus der alten Pilgerkapelle stammt. Vor der Allerheiligen-Kapelle steht eine Kreuzigungsgruppe aus der Werkstatt von Caspar Weis. Darunter, am Weg zur Kirche, befindet sich die Nachbildung eines Felsengrabs mit einer Skulpturengruppe der Grablege Christi vom selben Künstler.

Caspar Weis betrieb bis 1919 in Niederlahnstein seine »Werkstätten für kirchliche Kunst«. Sein neugotischer Stil war in der Nachkriegszeit verpönt. Neugotische Werke waren als »Kitsch« verschrien, wurden vielerorts entfernt oder gar vernichtet. Insofern können wir froh darüber sein, dass seine Werke auf dem Allerheiligenberg erhalten geblieben sind. Heute ist Caspar Weis wieder als bedeutender neugotischer Künstler anerkannt. Er starb 1930 und wurde auf dem Friedhof Niederlahnstein beigesetzt. Seinen Grabstein an der Douqué-Kapelle hat er übrigens selbst bearbeitet.

Adresse Auf'm Allerheiligenberg, 56112 Lahnstein | Anfahrt auf B 42 Ausfahrt Kaserne, der Kölner Straße folgen, links in Allerheiligenbergstraße und bis zum Ende folgen | Tipp Wenn man die Allerheiligenbergstraße wieder hinunterfährt und rechts auf Neuer Burger Weg abbiegt, gelangt man zum Parkplatz Naturpark Nassau. Ein toller Ausgangspunkt für Wanderungen, zum Beispiel in die Ruppertsklamm.

63 Der Stollenbunker

Kriegsdrama im Kellerchen

Angesichts dessen, was im Kellerchen passiert ist, klingt der Name verniedlichend. Aber das Kreuz und die Tafel über dem Eingang deuten an, was man mit diesem Ort verbindet.

Der kühle Stollenbunker, der im 19. Jahrhundert in den Schiefer des Allerheiligenbergs hineingetrieben wurde, diente einst einem Wirtshaus zur Lagerung von Eis. Wenn man die Gelegenheit zur Besichtigung bekommt, sollte man diese nutzen. Stadtarchivar Bernd Geil bietet Führungen für Interessierte an. In Gummistiefeln läuft man durch den stets feuchten Tunnel und kann die bizarren Formen und Farben der Kalkablagerungen bewundern. Wie Zuckerguss zieht sich die durch Eisen teils rötlich verfärbte weiße Schicht über Boden und Wände. Am Ende des Vorraums befanden sich eine Grotte mit Sitzplätzen sowie der Eingang zu einem Notstollen, den die Wehrmacht Ende 1944, Anfang 1945 in den Felsen gesprengt hatte. Der Eingang zum Kellerchen war von einer massiven Stahltür verschlossen, vor der sich eine Splitterschutzwand befand. Das Kellerchen diente während der Bombenangriffe als Luftschutzkeller. In dieser Zeit hat das Kellerchen vielen Lahnsteinern das Leben gerettet. Nicht jedoch am schicksalhaften 26. März 1945.

Während 150 Personen im Keller Schutz suchten, spielten einige ihrer Kinder bei schönem Wetter draußen, die Stahltür stand offen. Plötzlich und unerwartet schlug eine Granate auf dem Friedhofsgelände nebenan ein. Die Kinder versteckten sich hinter der Splitterschutzwand vor dem Kellerchen. Eine zweite Granate explodierte, jetzt schon näher am Bunker. Die dritte Granate schlug genau hinter der Splitterschutzwand ein, tötete sechs Jungen, einen italienischen Arbeiter und den Friedhofswärter. Die Schutzsuchenden schlossen die Tür aus Angst vor weiteren Angriffen, und erst als sie sie später wieder öffneten, entdeckten sie das Drama, das sich vor dem Kellerchen ereignet hatte.

Adresse Allerheiligenbergstraße, 56112 Lahnstein | Anfahrt B 42, Ausfahrt Kaserne, der Kölner Straße folgen, am Kreisel geradeaus, der Bahnhofstraße bis zum nächsten Kreisel folgen, links in Bergstraße, links über die Bahnunterführung und am Friedhof parken, zu Fuß etwa 200 Meter die Allerheiligenbergstraße hochlaufen | Öffnungszeiten Normalerweise ist das Kellerchen nicht zugänglich, aber Stadtarchivar Bernd Geil veranstaltet Führungen, Tel. 02621/914296 oder -171. | Tipp Vom Kellerchen sind es weniger als zehn Minuten zu Fuß hinunter zum Historischen Wirtshaus an der Lahn (Lahnstraße 8).

64__Der Bungert-Tisch

Vergessener Starkomponist

Die Leutesdorfer haben August Bungert nicht vergessen. Die Rheinpromenade ist nach ihm benannt, an seinem ehemaligen Wohnhaus hängt eine Plakette. Er wurde 1845 in Mülheim an der Ruhr geboren. Sein musikalisches Talent wurde früh entdeckt, doch sein Vater bezeichnete es als »unglückselige Neigung«. Mit 16 floh er nach Köln ans Konservatorium, wo ihn die Schwester des Komponisten Max Bruch für eine Ausbildung in Paris auswählte. Er kehrte wieder nach Deutschland zurück, arbeitete in Bad Kreuznach, studierte in Berlin und feierte erste Erfolge. Er verlegte seinen Wohnsitz nach Pegli bei Genua, traf Giuseppe Verdi und lernte Friedrich Nietzsche kennen.

In Italien begegnete Bungert auch der Poetin Carmen Sylva. Hinter diesem Pseudonym verbarg sich Königin Elisabeth von Rumänien, von Herkunft Prinzessin zu Wied. Die beiden funkten künstlerisch auf einer Wellenlänge. Sie dichtete, und er vertonte ihre Texte. Zudem schenkte sie ihm eine Villa an der Leutesdorfer Rheinpromenade. Mit seinen Kompositionen zu Sylvas Gedichten und Rheinliedern, die er bei einem Glas Wein an seinem Stammtisch im Rheingarten des Hotels Leyscher Hof verfasste, feierte Bungert seine größten Erfolge. Sein eigentliches Hauptwerk, der vierteilige Opernzyklus »Homerische Welt«, machte Bungert zum Antipoden Richard Wagners. Vergeblich versuchte er, dessen Erfolg mit dem »Ring des Nibelungen« zu toppen. Nach seinem Tod 1915 geriet sein Werk in Vergessenheit, zumal die Nazis Wagner bevorzugten.

Bungerts Werke werden heute nur noch sporadisch aufgeführt. Sein ehemaliger Stammtisch aber steht immer noch im Biergarten des Hotels Leyscher Hof, und wenn man den Ausblick von dort auf den Rhein genießt, kann man ins Schwärmen geraten. Auf der Speisekarte des Restaurants steht Hirschgulasch mit Preiselbeerbirne, Kartoffelklößchen und Apfelrotkohl, das Lieblingsgericht des vergessenen Starkomponisten.

Adresse Leyscher Hof, August-Bungert-Allee 9, 56599 Leutesdorf | **Anfahrt** von der B 42 am Ortsende in Hauptstraße einbiegen, rechts auf August-Bungert-Allee | **Öffnungszeiten** Fr 15–21 Uhr, Sa 11–22 Uhr, So 11–21 Uhr, Mo–Mi 11–22 Uhr | **Tipp** Neben dem Hotel sind die ehemaligen Zöllnerhäuser sowie unter der Hausnummer 6 das Bungert-Haus.

65_Das Haus der MS »Franziska«

Die Abenteuer des Jakob Wilde

Ein Frachtschiff durchpflügt das Rheinwasser in schneller Fahrt. Die Kamera schwenkt auf einen Seemann mit grauem Bart, der an Bord eines Rheinschiffs steht. »Niko, sieh dir das mal an«, ruft er einem jungen Matrosen am Bug des Schiffes zu. »Das ist die ›Veronia‹«, antwortet der Junge. »Siehst du nicht, wie die immer mehr nach Backbord abfällt?«, fragt der alte Seemann. »Was ist denn da los?«, antwortet der Junge.

So beginnt die achtteilige Fernsehserie über die Rheinschifffahrt, die 1977 in Leutesdorf von Regisseur Wolfgang Staudte gedreht wurde. Die Miniserie erzählt das letzte Jahr von Jakob Wilde als Eigentümer und Kapitän des Motorschiffs MS »Franziska« und porträtiert das einfache Leben der Binnenschiffer mit all ihren Sorgen und Nöten. Beide, Kapitän und Schiff, sind nicht mehr die Jüngsten, aber immer noch Tag für Tag unterwegs. Außerdem sind noch Jakobs Sohn Paul, dessen niederländische Frau Aavje und die Kinder Niko und Christa an Bord. So wird es nie langweilig auf dem alten Kahn. Mit seinen Frachtaufträgen hält Paul Wilde sich und seine Großfamilie gerade so über Wasser. Es wird nur immer schwieriger, neue Aufträge zu bekommen, und so nimmt das Drama seinen Lauf. Für die Dreharbeiten wurde das Motorschiff »Barbara Krüger II« verwendet, das nach einer Havarie im Main im Jahr 1979 verschrottet werden musste. Im letzten Teil der Miniserie wird – Achtung, Spoiler – die MS »Franziska« ebenfalls nach einer Havarie in die Abwrackwerft geschleppt.

Das Wohnhaus der Familie Wilde hingegen gibt es immer noch. Es steht an der Leutesdorfer Rheinpromenade und fällt durch den dunklen Doppelgiebel sowie den Torbogen über der Eingangstür auf. Filmtipp: Schauen Sie doch mal in die Fernsehserie hinein und lassen Sie sich in längst vergangene Rheinschifferzeiten entführen!

Adresse Rheinstraße 20, 56599 Leutesdorf | **Anfahrt** von der B 42 am Ortsende in die Hauptstraße, rechts auf August-Bungert-Allee, dann weiter auf Rheinstraße | **Öffnungszeiten** nur von außen zu besichtigen | **Tipp** Wenn man die Rheinstraße weiter in Richtung Hammerstein geht, gelangt man zum spätbarocken Schloss Marienburg, das nur von außen besichtigt werden kann.

66 Das Mohr'sche Mordkreuz

Memoria

Am Ortsrand von Leutesdorf, am Ende der Weinberge Richtung Hammerstein, steht am asphaltierten Wirtschaftsweg, der parallel zur Bundesstraße verläuft, ein dunkles Basaltkreuz. Daniel Mohr ließ es zum Gedenken an seine dort ermordete Ehefrau Gertrud aufstellen. Aus der Inschrift erfahren wir, dass sie am 17. Oktober 1715 von einem gewissen Nicklas Kotzet umgebracht wurde. Gertrud Mohr war damals 26 Jahre alt, über die genaueren Umstände ihres Todes wissen wir nichts.

Das Kreuz ist eines von vielen Basaltkreuzen im Gebiet von Mittelrhein und Eifel. Unweigerlich fragt man sich, warum Menschen in der Neuzeit auch außerhalb des Kirchhofs Kreuze für Verstorbene aufgestellt haben. Nach damaligem Denken starb Gertrud einen »schlechten« Tod, denn da sie ermordet wurde, konnte sie das Sterbesakrament nicht empfangen. Deshalb wollte ihr Ehemann dafür sorgen, dass seine Frau die Gnade Gottes empfangen und das Seelenheil erlangen konnte. Zudem steht das Leutesdorfer Kreuz nicht nur am Tatort, sondern zugleich am ehemaligen Durchgangsweg von Leutesdorf nach Hammerstein. Damit ist das Mordkreuz ein Wegekreuz und dadurch ein gottgefälliger religiöser Kultgegenstand. Somit wendet sich Daniel Mohr mit seinem Kreuz auch an die Öffentlichkeit und bittet um Fürbitten für seine verstorbene Frau. Dieser stummen Aufforderung nachzukommen ist für den, der hier vorbeigeht, allgemeine Christenpflicht.

Eines ist jedenfalls sicher: Daniel Mohr wollte, dass die Erinnerung an seine Frau und an die schreckliche Tat wach bleibt. Dies ist ihm eindrucksvoll gelungen, wenn man bedenkt, dass der Mord inzwischen mehr als drei Jahrhunderte zurückliegt. Damit war der Witwer Teil des Phänomens »Memoria«, der Überwindung des Todes und des Vergessens durch Gedächtnis und Erinnerung. Auch in unserer Zeit gibt es noch Memorialüberlieferungen: die Kreuze und Kerzen für die Opfer von Verkehrsunfällen.

Adresse Kapellenstraße, 56598 Hammerstein (als Ausgangspunkt) | Anfahrt in Hammerstein parken und dem Wirtschaftsweg Richtung Leutesdorf zu Fuß folgen | Tipp Geht man vom Mordkreuz weiter in Richtung Leutesdorf, erreicht man das Weingut Peter Hohn (In der Gartenlay 50).

67 Die Streuobstwiesen

Was Sie schon immer über Äpfel wissen wollten

Wenn man das Auto vor der Leutesdorfer Schützenhalle parkt, führt eine Weinbergstraße rechter Hand steil nach oben, und zügig ist man oberhalb der Weinberge. Der Blick auf Rhein und Leutesdorf wird immer weiter, bis man bei der Weinbergschaukel angekommen ist. Die Schaukel knarzt vernehmlich, trotzdem lohnt es sich, kurz zu verweilen und den Blick über das Tal nach Andernach schweifen zu lassen, in die Weite des Neuwieder Beckens. Nicht ohne Grund ist die Aussicht im Jahr 2020 als »Schönste Weinsicht« am Mittelrhein ausgezeichnet worden. Hinter der Weinbergschaukel geht ein steiler Pfad hoch zu den Streuobstwiesen. Sie sind eingezäunt, aber durch ein Tor begehbar.

Auf dem Plateau führt ein Lehrpfad über die Wiese, Schilder erklären die Herkunft, die Verwendung und den Geschmack alter Apfelsorten. Eine hölzerne Tafel weiht in die Geheimnisse des Obstbaumschnittes ein. Die Leutesdorfer Streuobstwiesen wurden in der zweiten Hälfte des 19. Jahrhunderts angelegt. Sie umfassen ein Gebiet von etwa zehn Hektar und dürften somit zu den größten Anbaugebieten am unteren Mittelrhein gehören.

Eine Gruppe von 16 Senioren hat ab Ende der 1990er Jahre damit begonnen, etwa 4,5 Hektar zu entbuschen. Sie ließen den alten Bäumen einen Sanierungsschnitt angedeihen und pflanzten neue Bäume. Der Verein hat sich den etwas irreführenden Namen ARGE gegeben. Das hat in diesem Fall nichts mit Arbeitslosigkeit zu tun, sondern steht für die »Arbeitsgemeinschaft Kulturlandschaft Leutesdorf«.

Die extensiv genutzten Wiesen, auf denen die Bäume stehen, als wären sie zufällig verstreut worden, sind nicht nur Teil einer uralten Kulturlandschaft. Sie zählen mit 5.000 bis 6.000 Tier- und Pflanzenarten zu den artenreichsten Lebensräumen Mitteleuropas. Dank der ARGE können wir hoffen, dass uns Leutesdorf nicht nur als Wein-, sondern auch als Obstort erhalten bleibt.

Adresse Schützenweg, 56599 Leutesdorf | Anfahrt von der B 42 auf Im Floß, links auf Neuer Weg, bei der Schützenhalle parken und den Weinbergweg rechter Hand hochlaufen, den Schildern zur Panoramaschaukel folgen | Tipp Wenn man dem Neuen Weg nach oben folgt, kommt man zur Brombeerschenke (Hof Haselberg), wo es eine Vielzahl von Brombeerprodukten zu entdecken gibt.

68 Das Gasthaus zur Sonne

Asja

Iwan Sergejewitsch Turgenew war einer der bedeutendsten russischen Schriftsteller. In seinen Werken thematisierte er die alltäglichen Nöte und Ängste der Menschen. Im Juni 1857 war er zur Kur im damaligen Bad Sinzig. Er litt an einem schmerzhaften Rückenleiden, und die Ärzte hatten ihm zu einem Aufenthalt in Bad Ems oder Bad Sinzig geraten. Er entschied sich für das einsamere Bad Sinzig.

Bei einem seiner abendlichen Spaziergänge am Rheinufer hörte er Walzerklänge von feiernden Bonner Studenten aus dem Gasthaus »Zur Sonne« in Linz, die von der anderen Rheinseite hinüberschallten. Kurz entschlossen ließ er sich von einem Fährmann übersetzen. Er mischte sich unter die Menschen, die das Schauspiel verfolgten. »Asja«, fragte plötzlich eine Männerstimme auf Russisch hinter ihm, »hast du genug?« Turgenew drehte sich um, sah einen Mann und an dessen Arm eine junge Frau: Asja. Der Schriftsteller war sofort verzaubert.

Es entwickelte sich eine zarte, unerfüllte Liebe zwischen Asja und Turgenew. Sie trafen sich fast täglich, immer in Begleitung des Bruders von Asja, der als Sittenwächter fungierte. Eines Tages fanden beide den Mut und die Gelegenheit, sich heimlich zu treffen. Leider hat der Schriftsteller sich nicht getraut – oder er war zu anständig –, sodass die beiden sich nicht näherkamen. Am nächsten Tag reiste Asja zusammen mit ihrem Bruder ab, und Turgenew ärgerte sich über die verpasste Chance.

Wir aber dürfen uns freuen, denn er hat uns eine Novelle hinterlassen, die 1977 sogar verfilmt wurde: »Asja«. Turgenew starb 1883 in der Nähe von Paris an Rückenmarkkrebs, der irrtümlich als Gicht diagnostiziert worden war. Das ehemalige Gasthaus »Zur Sonne« ist heute ein Wohnhaus, das hinter der Bundesstraße und der Eisenbahntrasse liegt. Bei dem Trubel, der inzwischen herrscht, würde man eine Studentenfeier am gegenüberliegenden Ufer nur schwerlich mitbekommen.

Adresse Am Gestade 4, 53545 Linz am Rhein | Anfahrt von der B 42 beim Springbrunnen am Rheinufer unter der Eisenbahnlinie auf Am Gestade, dann links der Straße folgen | Öffnungszeiten nur von außen zu besichtigen | Tipp Machen Sie es umgekehrt wie Turgenew und setzen Sie mit der Rheinfähre nach Remagen-Kripp über – bis zum Anleger sind es weniger als fünf Minuten zu Fuß.

69 Der Pulverturm

Der Schwarze Peter

Der Linzer Straßenzug zwischen Rheintor und Pulverturm, parallel zur Eisenbahntrasse und Bundesstraße, trägt den klangvollen Namen Am Gestade. Prächtig und bunt reihen sich gestrichene Bürgerhäuser in unterschiedlichem Renovierungszustand aneinander. Bis zum Ende des 19. Jahrhunderts wohnten hier die landesherrlichen Zollbeamten, Schiffer und Fährleute. Aber auch berühmte Künstler wie Ludwig van Beethoven haben einst hier übernachtet. Der Pulverturm aus dem 15. Jahrhundert, der das südwestliche Ende der Stadtmauer befestigte, steht heute vor dem Gelände der berufsbildenden Alice-Salomon-Schule. Direkt hinter ihm liegt ein Spielplatz. Einst beherbergte der Turm das städtische Pulvermagazin. Zeitweilig diente er auch als Gefängnis, und der Legende nach soll ein sehr prominenter Straftäter eingesessen haben: Johann Peter Petri.

Nachdem Franzosen Petris Hütte im Jahr 1792 niedergebrannt hatten, begann der Holzfäller und Familienvater ein unstetes Leben. Zahllose Diebstähle, Einbrüche und Raubüberfälle gingen auf sein Konto. Am 12. August 1798 ermordete er gemeinsam mit dem berühmten Schinderhannes einen jüdischen Viehhändler. Das Opfer hatte Petri drei Jahre zuvor bei einem Schäferstündchen mit einer verheirateten Frau erwischt und dies dem Ehemann gesteckt, der daraufhin seine Gattin erschlug. Bekannt war Petri unter den Spitznamen »Der alte Schwarzpeter« oder »Schwarzer Peter«. Er soll ein attraktiver Mann gewesen sein, mit kohlschwarzem Haar und dunklem Backenbart.

1811 wurde der »Schwarze Peter« gefasst und von den französischen Besatzern zu einer lebenslangen Zuchthausstrafe verurteilt. Im Gefängnis soll er das Kartenspiel »Schwarzer Peter« erfunden haben. Wer die namensgebende Karte nicht weitergeben kann, hat verloren und bekommt einen schwarzen Punkt auf die Stirn gemalt. Ein anschauliches Beispiel für alltäglichen Rassismus.

Adresse Alice-Salomon-Schule, Am Gestade 9, 53545 Linz am Rhein | Anfahrt von der B 42 beim Springbrunnen am Rheinufer unter der Eisenbahnlinie auf Am Gestade, der Turm steht gleich rechts | Tipp Wenn Sie der Straße Am Gestade weiter folgen, nördlich vorbei am ehemaligen Gasthaus Zur Sonne, gelangen Sie zum Burgplatz und in die Fußgängerzone.

70 Die weißen Pflastersteine

Wo der Mühlenbach rauschte

Der quirlige Linzer Buttermarkt kann viele Wünsche erfüllen. Er ist Ausflugsziel, Erholungsinsel, Gourmet-Shoppingmeile und historische Fachwerkkulisse. Auch die Rheinsteig-Wanderer werden quer über den Platz geführt. Die Freilegung der Fachwerke – der Holzskelette – in den 1920er Jahren und die Ausmalung der Gefache – der Zwischenräume – hat Linz den werbetauglichen Beinamen »Die bunte Stadt am Rhein« eingebracht. Wer die Fassaden der Fachwerkhäuser aufmerksam betrachtet, kann darin Schmuckformen wie den »Wilden Mann« und das »Andreaskreuz« oder Innungskennzeichen, etwa der Gerber und Zimmerer, entdecken.

Noch bis in die 1930er Jahre kamen die Landfrauen aus dem Westerwald sowie den umliegenden Dörfern auf den Linzer Markt und boten ihre Erzeugnisse, wie Butter, Käse und Eier, feil. Sommers wie winters legten sie dazu Fußmärsche von bis zu 20 Kilometern zurück. In der Nähe des jetzigen Brunnens stand einst ein Fachwerkhäuschen, das die Butterwaage beherbergte. In den 1980er Jahren, als der Platz autofrei wurde, entschloss man sich, den einstigen Markfrauen ein Denkmal zu setzen. Grau und steinern sitzt die Butterfrau Agnes auf einer Mauer am Brunnen. Im Schatten zweier Linden schaut sie nachdenklich auf das, was ihr und ihrer Familie den Lebensunterhalt sichert: Butter. Der Bildhauer Josef Kaspers hat die Skulptur entworfen.

Heute kann man sich in aller Ruhe neben Agnes setzen und dem Plätschern des Brunnens oder des kleinen Bachs, der ihn umfließt, lauschen. Oder man kann den weißen Pflastersteinen folgen, die quer über den Platz verlaufen. Sie markieren den Lauf des Mühlenbachs, der bis zum Ende des 19. Jahrhunderts offen über den Platz lief und ihn in zwei Hälften teilte. Wer weiß, wenn Sie einen Moment innehalten und Ihr Ohr ganz nah an die Pflastersteine bewegen, vielleicht hören Sie dann noch heute das Rauschen des Mühlenbachs.

Adresse Buttermarkt, 53545 Linz am Rhein | Anfahrt Man kann in der Straße Am Gestade parken. Zum Buttermarkt zu Fuß vom Burgplatz der Rheinstraße folgen, über den Marktplatz in die Mittelstraße bis zum Buttermarkt (300 Meter). | Tipp Wenn Sie vom Buttermarkt hinunter zum Burgplatz gehen, finden Sie in der Rheinstraße 3 den Weltladen mit mehr als 300 fair gehandelten Produkten aus über 30 Ländern.

71 Das alte Pfarrhaus

Pfarrer und Bestsellerautor

Manubach strotzt vor ansehnlichen Fachwerkhäusern, besonders um die evangelische Kirche St. Oswald herum. Das alte Pfarrhaus von 1782 bildet keine Ausnahme. Weiß gekalkt leuchtet es in der Sonne, braune Fachwerkbalken, grüne Fensterläden und ein Schieferdach vervollständigen das Bild.

Auf zwei seiner Geistlichen kann Manubach besonders stolz sein. Johannes Scherer war reformierter Pfarrer während des Dreißigjährigen Kriegs. Die Schweden begannen sofort mit der Gegenreformation, setzten allerorts katholische Priester ein und zwangen die Bevölkerung zur Teilnahme an der katholischen Messe. Scherer ging in den Untergrund, verdingte sich in einer Mühle als Knecht und betreute seine Gemeinde tapfer weiter.

Der andere bedeutende Pfarrer war Wilhelm Oertel, ein Bestsellerautor des 19. Jahrhunderts, der zu den meistgelesenen Volksschriftstellern im deutschsprachigen Raum gehörte. Oertel stammte aus Horn im Hunsrück und war von 1819 bis 1835 als Nachfolger seines Vaters Pfarrer in Manubach. Anfangs schrieb Oertel historisch-romantische Erzählungen, um seine Haushaltskasse aufzubessern. Er hatte nur mäßigen Erfolg, änderte deshalb seinen Stil und legte sich ein Pseudonym zu. Fortan nannte er sich W. O. von Horn und veröffentlichte Romane und Erzählungen. Mit dem Roman »Friedel: Eine Geschichte aus dem Volksleben« erlebte er seinen schriftstellerischen Durchbruch. In der Folge entstanden unzählige Romane und erbauliche Erzählungen. Ab 1946 gab er den Jahreskalender »Die Spinnstube« heraus, der in ganz Deutschland bekannt war. Auch Jugendbücher veröffentlichte er. Seine Bücher wurden ins Englische, Französische, Spanische und weitere Sprachen übersetzt und erreichten eine Millionenauflage.

Im Keller des alten Pfarrhauses gab es bis vor Kurzem ein Oertel-Archiv. Sollte man eines seiner Bücher in die Hände bekommen – es lohnt sich auch heute noch, hineinzulesen.

Adresse Auf der Schadenbach 2, 55413 Manubach | Anfahrt in Rheindiebach von der B 9 in Rheingoldstraße, bis nach Manubach, rechts Auf der Schadenbach | Öffnungszeiten nur von außen zu besichtigen | Tipp Wenn man die Straße links hinter der Kirche weitergeht, kommt man zu den sehr alten Fachwerkhäusern.

72 Die Freimaurerloge

Zur Wahrheit und Treue

Bei ihren Treffen bleiben sie unter sich, und über den Inhalt darf nichts nach außen dringen. Manche Mitglieder bekennen sich offen dazu, einer Loge anzugehören, andere halten ihre Mitgliedschaft geheim. Sind die Freimaurer ein Geheimbund, der Verschwörungen ausheckt? Bis heute halten sich allerlei Gerüchte, obwohl es im Zeitalter von Internet und sozialen Medien einfacher denn je zuvor ist, sich zu informieren.

Die erste Großloge wurde 1717 in England gegründet. Die noch heute verwendeten Symbole, wie die Maurerkelle, das Winkelmaß und der Zirkel, verweisen auf die enge Verbundenheit mit den Steinmetzen. Die Freimaurer vergleichen die Entwicklung sowohl des Menschen als auch der Gesellschaft mit der Errichtung eines Bauwerks, des Salomonischen Tempels. Der Freimaurer strebt danach, sich selbst, also den inneren Tempel, und die Gesellschaft, den äußeren Tempel, zu verbessern. Er kann drei Grade erlangen: Lehrling, Geselle und Meister. Während der Lehrling noch nach dem Sinn des Lebens sucht, beherrscht der Meister bereits die Selbstreflexion, überschaut und durchdenkt seinen Lebensplan. Eindrucksvolle tempelartige Bauwerke sind typisch für die Geschichte und Philosophie der Freimaurer. Herausragende Freimaurer-Tempel sind die Freemasons' Hall in London oder der Masonic Temple in Detroit.

Die heutige Neuwieder Loge wurde 1883 gegründet und gab sich den Namen »Zur Wahrheit und Treue«, angelehnt an den Wahlspruch der Fürsten zu Wied. Die Loge ist heute noch aktiv. Sie befindet sich in einem sehr modernen Tempel mit rot lackierter Eingangstür, dunkelgrauer Fassade und Betonbalkonen an den Wohnungen darüber. Ein historisch bedeutendes Mitglied ihrer Vorgänger-Loge war Beethovens Bonner Lehrer Christian Gottlob Neefe. Er war maßgeblich an Beethovens Karriere beteiligt, sorgte für die ersten Veröffentlichungen und bereitete dessen Schritt nach Wien vor.

Adresse Pfarrstraße 2, 56564 Neuwied (Eingang Deichstraße) | **Anfahrt** von der B 256 in Sandkauler Weg, rechts auf Langendorfer Straße, links in Pfarrstraße, links in Kirchstraße, rechts in Friedrichstraße, rechts in Rheinstraße und links in Pfarrstraße | **Öffnungszeiten** nur von außen zu besichtigen | **Tipp** Der Weg hinunter zum Rhein ist allemal lohnenswert. Linker Hand findet man den Pegelturm und die Goethe-Anlagen.

73_Das Grab von Rudolph Knie

Schweizer Nationalcircus

Uralte Grabsteine versinken im Blattwerk des Efeus, einige Gräber sind von rostigen Zäunen eingerahmt. Dicht stehende Bäume tauchen den Ort in ein mystisches Licht. Stadtverwaltung und Klinikum schauen auf die Gräber. Der historische Friedhof von 1783 ist eine Oase mitten in der Stadt. Berühmte Menschen fanden hier ihre letzte Ruhe, sogar eine Fürstengruft gibt es.

Weniger Aufmerksamkeit bekommt ein Grab, das inzwischen mehrfach belegt wurde – das von Rudolph Knie. Sein Vater, der Österreicher Friedrich Knie, gründete ein Zirkusunternehmen mit Akrobaten und eigenen Pferden. Als »Wiener Seiltänzergruppe« traten sie auf und hatten großen Erfolg beim Publikum, selbst bei Königen und Fürsten. Bei einem Gastspiel in Innsbruck im Jahr 1807 entführte Knie die schöne Baderstochter Antonia Stauffer aus einem Kloster, in dem ihr Vater sie vor ihm versteckt hatte. Das Paar floh nach Böhmen, heiratete und bekam fünf Kinder. Der älteste Sohn war der 1808 geborene Rudolph. Fortan zog Friedrich mit seinen Kindern durch die Lande, der Erfolg hielt an, und die Auftritte wurden auf die Schweiz ausgedehnt. Nach Friedrichs Tod im Jahr 1850 übernahm Sohn Karl die Leitung. Aus der Seiltänzergruppe von damals wurde eine regelrechte Zirkusdynastie, aus der unter anderem der Schweizer Circus Knie hervorging.

1832, mit 24 Jahren, verließ Rudolph das elterliche Unternehmen und ließ sich in Neuwied nieder, wo er eine eigene Artistengruppe gründete. Er veranstaltete Sondervorstellungen für in Not geratene Menschen und zeigte offen seine Sympathie für die Deutsche Revolution von 1848/49. Er starb 1858 in Neuwied. Eine Grabplatte erinnert seit 2017 an den Zirkusdirektor und Demokraten. Vielleicht müssen Sie ein wenig suchen, um die schwarze Platte unter dem Efeu zu entdecken.

Adresse Historischer Friedhof, Julius-Remy-Straße, 56564 Neuwied | Anfahrt von der B 256 rechts in Julius-Remy-Straße | Tipp Ein Plan in der Nähe des Eingangs zeigt die Lage der Gräber weiterer bekannter Neuwieder Persönlichkeiten.

74 Der Schlosspark

Auf Winnetous Spuren

Zu Beginn des 19. Jahrhunderts brachen Naturforscher zu spektakulären Reisen auf und brachten exotische Exponate, Bilder und Berichte zurück in die wissbegierige Heimat. Alexander von Humboldt ist wohl der bekannteste Vertreter dieser Zunft. Aber mit Maximilian zu Wied-Neuwied hatte auch Neuwied einen legendären Forschungsreisenden.

Der 1782 geborene Prinz war von Humboldts Reisen begeistert und wollte es seinem Vorbild gleichtun. 1815 bereiste er die brasilianische Ostküste. Leider musste er feststellen, dass seine Begabung als Zeichner nicht ausreichte, um seine Eindrücke gebührend zu illustrieren. Zu seiner nächsten Reise im Jahr 1832, die ihn nach Nordamerika führte, nahm er den Schweizer Maler Karl Bodmer mit. Bodmers Zeichnungen der amerikanischen Ureinwohner faszinierten seine Zeitgenossen und prägen bis heute das Bild, das wir von den »Indianern« haben. Auch Karl May, der bekanntlich nie in Amerika gewesen ist, ließ sich von zu Wieds Reiseberichten informieren und inspirieren. Tagelang soll er in der Bibliothek gesessen und zu Wieds 1.300 Seiten langen Bericht studiert haben.

Nach seinen Reisen nach Brasilien und Nordamerika sorgte der Prinz dafür, dass exotische Baumarten im Schlosspark gepflanzt wurden. Man kann den Park insofern als Arboretum, als Gehölzsammlung, bezeichnen. Einige nordamerikanische Exemplare aus dieser Zeit sind immer noch im Park zu finden. Es macht Spaß, durch den Park zu schlendern und nach alten exotischen Bäumen Ausschau zu halten. Dabei kann man an den Prinzen und dessen Freundschaft mit dem Indianerhäuptling Mato-Tope (»Vier Bären«) denken. Der Häuptling hat Karl May vermutlich zu seiner Winnetou-Figur inspiriert. Und der Prinz selbst wäre somit das Vorbild für dessen Freund Old Shatterhand. Ist es Zufall, dass der Prinz eine Jagdwaffe besaß, die mit Silbernägeln beschlagen war, genau wie Winnetous Silberbüchse?

Adresse Prinz-Viktor-Straße, 56564 Neuwied | Anfahrt von der B 42 in Langendorfer Straße, links in Prinz-Viktor-Straße, bis zum Ende folgen | Tipp Das Schloss Neuwied (Schlossstraße 1) kann man nicht besichtigen, aber einen Blick darauf werfen.

75 Der Speakers' Corner

Einmal kein Blatt vor den Mund nehmen

Der Speakers' Corner im Londoner Hyde Park ist eine feste Institution. Gemäß einem Parlamentsbeschluss von 1872 darf am nordöstlichen Ende des Parks jeder zu einem beliebigen Thema seine Meinung vortragen. Es gibt wenig inhaltliche Beschränkungen, nur der britische König und die königliche Familie sind tabu. Man trifft überwiegend skurrile Redner, doch auch Karl Marx, Lenin und George Orwell haben hier schon gesprochen. Aber warum nach London reisen, kann man den Speakers' Corner doch auch in Neuwied erleben. Nämlich während der vier Tage des Deichstadtfests, stets am zweiten Wochenende im Juli.

Dann baut der Freundeskreis Neuwied-Bromley auf dem Luisenplatz einen Bier- und einen Weinstand sowie eine Bühne auf. Das Ensemble nennt sich Europadorf und befand sich früher genau dort, wo jetzt das britische Bushalteschild und die Telefonzelle stehen, am sogenannten Mini-ZOB. Inzwischen ist es weitergerückt, befindet sich aber immer noch auf dem Luisenplatz. Der Freundeskreis Neuwied-Bromley besteht seit 1987, hat 130 Mitglieder und pflegt die Freundschaft zu der britischen Partnerstadt.

Auf der Europadorf-Bühne wird ein Podest aufgebaut. Jeder Bürger darf nach britischer Hyde-Park-Tradition vier Minuten lang zu einem frei gewählten Thema sprechen. Dabei geht es um alles, was die Neuwieder bewegt, seien es die Lokalpolitik, der Straßenbau oder Fahrradwege. »Nur einmal mussten wir bisher einen Vortrag abbrechen«, erinnert sich Hans-Joachim Hofmann, der Vorsitzende des Freundeskreises. Damals missbrauchte ein religiöser Fanatiker die Bühne, um seine abstrusen Vorstellungen zu verbreiten. Ein weiterer Programmpunkt im Europadorf ist die »Hat Parade«, angelehnt an die schräge Hutparade im britischen Ascot. »Wohlbehütet in Neuwied«, kommentiert Hofmann schmunzelnd und meint damit, dass die Stadt inzwischen verschiedensten Nationalitäten eine Heimat bietet.

Adresse Luisenplatz, Langendorfer Straße 117–119, 56564 Neuwied | **Anfahrt** von der B 256 Ausfahrt Richtung Neuwied-Hafenstraße auf Sandkauler Weg, der in die Langendorfer Straße übergeht | **Öffnungszeiten** Das Programmheft des Deichstadtfests gibt Auskunft, wann der Speakers' Corner stattfindet. | **Tipp** Wenn man die Mittelstraße hinaufgeht und links in die Hermannstraße einbiegt, ist man in ein paar Minuten beim Deutschen Flippermuseum und kann der Spielleidenschaft frönen.

76 Die Zivilschutz-Mehrzweckanlage

Der vergessene Ernstfall

Während des Zweiten Weltkriegs fing man in Deutschland damit an, Bunker zu bauen. Danach wurden viele Anlagen gesprengt oder geschleift, andere dienten jahrelang als Wohnraum. Nach der Kubakrise begann man ab 1963, die noch existierenden Bunkeranlagen teilweise wieder instand zu setzen. Später baute man Schutzräume als Mehrzweckanlagen, die zugleich als Tiefgaragen oder Bahnhöfe dienten. Ab Anfang der 1990er Jahre wurden die Programme zur Errichtung neuer Schutzräume eingestellt.

Die Anlage in der Neuwieder Deichstraße wurde erst 1990 gebaut. Heute wird sie als Garage genutzt und bietet offiziell eine Kapazität von 299 Schutzplätzen. Will man sie in einen Schutzraum verwandeln, muss man erst das Garagentor aushängen. Dann kann man eine 30 Zentimeter dicke und 15 Tonnen schwere Stahlbetontür vor den Eingang schieben. Diese massive Tür soll vor Splittern und Trümmern schützen und den Raum von der Außenwelt abschließen.

Im Innern gibt es vier Gebläse, die elektrisch, im Notfall aber auch von Hand betrieben werden können. Durch den im Innern erzeugten Überdruck in Verbindung mit der hermetischen Abdichtung wird verhindert, dass chemische oder biologische Kampfstoffe eindringen. Über spezielle Filteranlagen kann gereinigte Luft in die Anlage gebracht werden, verbrauchte Luft wird durch Überdruckventile nach außen geleitet. Die Energieversorgung ist autark, und in einem Nebenraum stehen ein paar Chemietoiletten zur Verfügung. Wasser kommt aus unterirdischen Tanks. Mit schweren Stahlträgern werden die versenkbaren Parkboxen stabilisiert, damit Menschen auch auf der zweiten Ebene Schutz finden. Aktuell ist die Anlage stillgelegt, und wir können uns nur wünschen, dass sie nicht wieder in Betrieb genommen werden muss.

Adresse Deichstraße 2, 56564 Neuwied | Anfahrt von der B 256 in Sandkauler Weg, rechts auf Langendorfer Straße, links in Pfarrstraße, links in Kirchstraße, rechts in Friedrichstraße, rechts in Rheinstraße, links in Pfarrstraße und an ihrem Ende rechts in Deichstraße | Öffnungszeiten nur von außen zu besichtigen | Tipp Gleich um die Ecke, in der Schlossstraße 2, liegt das Deichinformationszentrum.

77_Das Caesar-Graffiti

Römischer Brückenschlag

»Commentarii de bello Gallico« heißt der Kriegsbericht, den uns Julius Caesar hinterlassen hat und der bis heute aus dem Lateinunterricht nicht wegzudenken ist. Dank dieser Aufzeichnungen wissen wir, dass Caesar im Jahr 55 vor Christus eine Brücke über den Rhein bauen ließ. Zu diesem Zeitpunkt waren die linksrheinischen Gebiete von den Römern besetzt, und der Fluss stellte die natürliche Grenze zu Germanien dar. Caesar hatte sich in den Kopf gesetzt, den Rhein nicht mit dem Schiff zu überqueren, weil das »nicht der Würde des römischen Volkes entspreche«. So ließ er innerhalb von nur zehn Tagen eine 400 Meter lange hölzerne Brücke errichten. Wenn man bedenkt, dass in dieser kurzen Zeit die Bäume gefällt und behauen sowie Flöße gebaut werden mussten – und vieles mehr –, dann wird die Bedeutung dieser technischen Meisterleistung erst klar. Die knapp neun Meter breite Fahrbahn bestand aus Baumstämmen, darüber hatte man Reisig, Flechtwerk und eine Schicht Erde aufgebracht.

Für die Germanen muss es ein furchterregendes Szenario gewesen sein, als Tausende bis an die Zähne bewaffnete Legionäre erhobenen Hauptes den Rhein überquerten und in ihr Territorium eindrangen. Die Operation war als Strafaktion gegen die Sueben geplant, doch die hatten ihre Dörfer verlassen und sich in die umliegenden Wälder geflüchtet. Caesars Soldaten brannten die Häuser der Sueben nieder und vernichteten das Getreide auf den Feldern. Nach nur 18 Tagen in Feindesland kehrten sie auf die linke Rheinseite zurück und zerstörten die so mühsam errichtete Brücke.

An der vermuteten Stelle der historischen Rheinüberquerung erinnert nun ein Graffiti auf einer Betonwand, gestaltet von dem regionalen Künstler Alexander Heyduczek, an das Ereignis. Wenn man Glück hat, kann man Conrad Lunar, der die Idee zu dem Kunstwerk hatte, als Römer verkleidet auf dem Radweg vorbeifahren sehen.

Adresse Im Elm, 56566 Neuwied-Engers | Anfahrt von der B 42 in Neuwied-Engers in Weiser Straße, rechts in Neuwieder Straße, dort, wo links die Straße Im Elm abgeht, zu Fuß zum Radweg am Rhein gehen | Tipp Die Eisenbahnbrücke Engers-Urmitz ermöglicht einen schönen Spaziergang auf die andere Rheinseite. Ganz so, wie Caesar und seine Soldaten es gemacht haben.

78 Die Wüstung Rockenfeld

Aufbruch in die Neue Welt

John D. Rockefeller war Mitgründer einer Erdölraffinerie, aus der 1870 die Standard Oil Company hervorging. Erdölgeschäfte machten ihn 1916 zum ersten Milliardär der Weltgeschichte. Berücksichtigt man die Inflation, war er der reichste Mensch, der je auf diesem Planeten gelebt hat. Der Stammvater der amerikanischen Milliardärsfamilie, Goddard Rockenfeller, wurde 1590 in Rockenfeld geboren. Sein Enkel Johann Peter und der Urenkel Johann Thiell wanderten mit ihren Familien nach New Jersey und New York aus. Sicher sind sie nach der einmonatigen Seereise mit Koffern voller Erwartungen in New York von Bord gegangen. Aber dass ihre Familie eine solche Erfolgsgeschichte schreiben würde, werden sie kaum geahnt haben. Verloren gegangen ist ihnen jedenfalls der Buchstabe »n«. Vielleicht, weil man den gesprochenen Namen fehlerhaft in die Schriftsprache übertragen hat? Jedenfalls nannten sie sich fortan Rockefeller. Fünf Generationen später wurde John D. Rockefeller geboren, dessen Name zum Synonym für Reichtum wurde.

Doch was ist aus der Siedlung geworden, die der Milliardärsfamilie ihren Namen gab? Nach dem Zweiten Weltkrieg lebten in Rockenfeld noch 50 Menschen. Aufgrund stetiger Abwanderung beschloss der Gemeinderat im Jahr 1965 die Auflösung des Orts. 1969 wurden die verlassenen Häuser und Höfe durch die Feuerwehr absichtlich niedergebrannt. Filmaufnahmen von damals zeigen, wie die Feuerwehrmänner den brennenden Häusern zusahen.

Heute erinnern nur noch überwucherte Steinreste, ein Ehrenmal, ein Gedenkstein und eine Infotafel auf der waldigen Höhe von Rheinbrohl an die Gemeinde Rockenfeld. Der Familienname Rockenfeller aber ist in der Gegend von Neuwied immer noch recht verbreitet. Viele Rockenfellers können sich zu Recht der Verwandtschaft mit ihren amerikanischen Namensvettern rühmen – auch wenn sich daraus leider keine finanziellen Ansprüche ableiten lassen.

Adresse Im Lampental, 56598 Rheinbrohl | Anfahrt in Rheinbrohl von der B 42 auf Im Lampental, am Ende der Straße rechts, der Straße bis zu einer Schranke linker Hand folgen, von dort zu Fuß zur Wüstung | Tipp Auf dem Rückweg, etwa einen halben Kilometer nach Rockenfeld, kann man die Reste des römischen Kleinkastells »Am Forsthofweg« besuchen. Der Weg ist gut ausgeschildert.

79_Die Erdzeitenuhr

Steinzeit

Schön ist sie nicht, die Erdzeitenuhr – aber lehrreich. Vor 4,5 Milliarden Jahren begann die Geschichte unseres Planeten. Wir sprechen also über wahrhaft unvorstellbare Zeiträume, weswegen sich die Frage stellt, wie man solche Zeitspannen sinnlich erfahrbar machen kann. Die Antwort des 1990 verstorbenen Künstlers Alfred Hörchner ist die Erdzeitenuhr.

Wir finden das Betonungetüm seit 1992 im geologischen Lehrpark Niederbieber in der Nähe der Wiedbrücke. Der Besucher, der sich auf den Zentralstein stellt, der als Zifferblatt dient, wird selbst zum Zeiger der Uhr. Mit Hilfe von 24 Tagesstundensteinen werden die 4,5 Milliarden Jahre Erdgeschichte auf einen Tag verteilt. Die Erdurzeit dauert ganze elf Stunden. Die Erdkruste war bis dahin nur zum Teil erstarrt, die Urkontinente waren noch wüst und leer. Um elf Uhr erscheinen endlich die ersten primitiven Lebensformen auf unserem Planeten. Weitere zehn Stunden dauert es, bis in größerem Ausmaß Fossilien in den Gesteinsschichten zu finden sind. Damit beginnt das Erdaltertum, in dem Pflanzen und Tiere das Festland erobern.

Im nun folgenden Erdmittelalter dominierten die Dinosaurier, bis sie schließlich vor 66 Millionen Jahren ausstarben. Es ist schon 22.39 Uhr, als allmählich die Säugetiere die Vorherrschaft übernehmen. Eine Minute vor 24 Uhr taucht mit dem *Homo habilis* der Vorläufer des *Homo sapiens* auf. Dessen Entwicklung in den letzten zwei Millionen Jahren nimmt auf der Uhr nur ein paar Millimeter ein und wird deshalb am Rande steinern aufgefächert. Gesteine, Mineralien und Fossilien, die für die einzelnen Erdzeitalter typisch sind, liegen rund um die Uhr im Park.

Wer nach dem Besuch in Niederbieber noch einmal durch die Erdgeschichte wandern möchte, der sollte nach Höhr-Grenzhausen, Hörchners ehemaligem Wohnort, fahren. Rund um die evangelische Kirche kann man über einen Erdzeitenweg schreiten.

Adresse Austraße, Nähe Wiedbrücke, 56567 Neuwied-Niederbieber | **Anfahrt** von der B 256 auf Aubachstraße Richtung Niederbieber, rechts in Augustenthaler Straße, links in Austraße, zu Fuß links auf In der Lach, dann den Fußweg parallel zur Wied nehmen | **Tipp** Das Römerkastell (Auf der alten Burg) in Niederbieber war eines der größten römischen Kastelle am obergermanischen Limes. Die Grundmauern sind noch erhalten.

80 Die Kneippanlage

Wassertreten nach Sebastian Kneipp

»Wie wär's mit einem Kneippbecken am Lützelbach?« Manchmal klingt eine Idee fast banal, aber wenn sie dann verwirklicht wird, kommt Erstaunliches dabei heraus. Früher gab es hier nur ein altes Pumpenhaus. Auf Initiative von Toni Muders, Hermann-Josef Klockner, Wolfgang Keßler, ihren Freunden und vielen Nachbarn aus dem Dorf wurde eine Anlage nach den Angaben des Pfarrers Sebastian Kneipp gebaut.

Es gibt das bekannte Wassertretbecken sowie einen Brunnen, in dem man auch seinen Armen Gutes tun kann. Selbst an die Vierbeiner wurde gedacht: *»Only for dogs«*, steht auf dem bunten Schild, das Hunden den Weg hinunter in ihr eigenes Kneippbecken weist. Nach der Anwendung kann man sich auf einer der Bänke niederlassen. Hier kommt man schnell miteinander ins Gespräch. Hinweistafeln erklären die korrekte Ausführung, von Storchenschritt bis Armbad, und den Nutzen der Übungen, bei Schlaflosigkeit oder Kopfschmerzen. Das Wasser wird aus einer 160 Jahre alten Quelle gespeist, dem Gutenborn. Und das verbrauchte Wasser wird über den Lützelbach wieder in den natürlichen Kreislauf zurückgeführt.

Sebastian Kneipp war Anfang des 20. Jahrhunderts der bekannteste Deutsche nach Otto von Bismarck. Seine Methoden, die neben der Wasserkur auch Vollwertkost, Barfußlaufen, Heilpflanzen und Vorschläge zur Lebensführung enthalten, waren nie unumstritten. Sogar vor Gericht musste Kneipp sich Mitte des 19. Jahrhunderts verteidigen. Doch noch heute gibt es in Deutschland mehr als 600 Kneippvereine, was seinen andauernden Erfolg eindrucksvoll untermauert. Mehr als 700 Kneippbecken gibt es in Deutschland, aber die Niederburger dürfen sich rühmen, über eines der wenigen am Mittelrhein zu verfügen. Ob Sie nun an die therapeutische Wirksamkeit von Wassertreten und Armbad glauben oder nicht, belebend wirken sie auf jeden Fall – und schädliche Nebenwirkungen sind nicht bekannt.

Adresse Burgstraße, 55432 Niederburg | Anfahrt in Oberwesel von der B 9 auf Langgasse, rechts auf Koblenzer Straße, halb links auf Bürgermeister-Zeuner-Straße, links auf die K 93, der Straße bis zur Rheingoldstraße folgen, links in Ringstraße und hinter der Hausnummer 15 parken, von dort der Beschilderung des Zuwegs zur »Traumschleife Mittelrhein« bis zur Kneippanlage folgen | Tipp Wenn man die Burgstraße zurück und weiter Richtung Niederburg geht, erreicht man nach 300 Metern die Burgruine (Rheingoldstraße 28). Nicht spektakulär, aber sehenswert, wenn man gerade in der Gegend ist.

81 Die Gaststätte Märchenhain

Einmal am Rhein

Der Märchenhain war einst ein weltberühmter Publikumsmagnet. Heute ist er ein »Lost Place«, die Gebäude sind verfallen. »Es war einmal«, steht sehr passend über dem Holztor der ehemaligen Gaststätte, die einst der Zugang zum Märchenhain war.

Im Jahr 1910 zog der aus Münster stammende Bildhauer Ernst Heilmann nach Niederheimbach. In der Rheinstraße 26 eröffnete er zunächst eine Werkstatt, in der er Kirchenkunst herstellte. 1927 begann er, den Märchenhain zu erschaffen. Sein Wohnhaus wurde zur Gaststätte, und von dort aus gelangte man über 132 Stufen zum Märchenhain mit Blick auf den Rhein. Es gab das Knusperhäuschen von Hänsel und Gretel, ein Schneewittchen- und ein Aschenbrödel-Haus. Über das Gelände verteilt waren Steinfiguren aufgestellt, wie Schneewittchen und die sieben Zwerge, aber auch Einzelfiguren, zum Beispiel der Däumling oder Hans im Glück.

Der Märchenhain erlebte zwei Boomphasen: während der Zeit des Nationalsozialismus durch die Organisation »Kraft durch Freude« und nach dem Zweiten Weltkrieg. Das »Mutterdenkmal«, das 1934 eingeweiht wurde, war ganz nach dem Geschmack der Nationalsozialisten und beste Werbung für den Märchenhain. 1953 wurde der 500.000. Besucher registriert.

Damals ging die Gaststätte als »Rheinschlösschen« in die Filmgeschichte ein. In dem 1952 gedrehten Schwarz-Weiß-Film »Einmal am Rhein« des Regisseurs Helmut Weiss, einem gemütvollen Heimatfilm über eine rheinische Gastwirtfamilie. 1980 wurde der Märchenhain verkauft. Der Betrieb der Anlage schien den neuen Eigentümern nicht mehr attraktiv, und sie ließen sie verfallen. Einige der alten Märchenfiguren konnten jedoch gerettet werden. Eine Bürgerinitiative restaurierte sie und stellte sie an repräsentativen Stellen im Ort und in der Burggärtnerei auf.

Adresse Rheinstraße 26, 55413 Niederheimbach | Anfahrt Das Haus liegt direkt an der B 9 (Rheinstraße). | Öffnungszeiten nur von außen zu besichtigen | Tipp Wandern Sie auf dem Märchen-Rundwanderweg, der am Dorfplatz beginnt, und suchen Sie die Figuren des alten Märchenhains.

82 Das Lorcher Werth

Die Toteninsel

15 Rheininseln gibt es entlang des Mittelrheins – darunter mit der Insel Niederwerth die einzige Flussinselgemeinde Deutschlands. Und auf dem Bacharacher Werth wird Wein angebaut. Ebenfalls eine Besonderheit, denn es gibt in Deutschland nur drei Inseln mit Weinbau. Das Lorcher Werth, das sich zwischen Lorch und Niederheimbach etwa zwei Kilometer hinzieht, gehört zu den Inseln, die man nicht betreten darf. Genau genommen sind es sogar zwei Inseln, eine große und eine kleine, die durch einen Damm miteinander verbunden sind.

Die Inseln sind bis zu 150 Meter breit und werden bei Hochwasser zumindest teilweise überflutet. Die Landesgrenze ist so geschnitten, dass die Insel in Hessen liegt und ein Teil des Westufers die Grenze darstellt. Da man die Insel, die inzwischen ein Naturschutzgebiet ist, ja nicht betreten darf, muss man sich einen möglichst geeigneten Aussichtspunkt suchen, um ihr nahezukommen. Eine gute Aussicht hat man aus den Lorcher Weinbergen. In Niederheimbach empfiehlt sich der Aussichtsplatz Tempelchen zum Insel-Watching oder – sozusagen auf Augenhöhe – der Bahnhof.

Zwischen den Weltkriegen war man in Deutschland auf der Suche nach einem zentralen Erinnerungsort für die gefallenen Soldaten, einem »Reichsehrenmal«. Unter anderem entstand die mythologisch gefärbte Idee einer »Toteninsel im Rhein«. Der Architekt Karl Wach plante ein Stadion für 100.000 Menschen, das über eine »Heilige Straße« mit einem steinernen Sarkophag verbunden werden sollte. Die Nachbarschaft zum Niederwalddenkmal hätte perfekt gepasst. Während der Weltwirtschaftskrise ließ man die Pläne jedoch wieder fallen. Die Insel beherbergte später eine Rebenzucht, eine Trinkwasserpumpstation und einen Fußballplatz. Inzwischen ist es ruhig geworden. Darüber, dass man die Pläne für die Toteninsel niemals verwirklicht hat, freut sich nicht nur die Natur.

Adresse Heimbachtal, 55413 Niederheimbach | Anfahrt Von der B 9 auf Heimbachtal, am Bürgerhaus rechts Richtung Friedhof. Oberhalb des Friedhofs macht die Straße eine scharfe Rechtskurve, geradeaus geht der Fußweg hinauf in den Weinberg. | Tipp Sowohl in der Straße Heimbachtal (zum Beispiel Hausnummer 51, das ehemalige Gästehaus der Heimburg) sowie in der Rheinstraße gibt es eine Vielzahl historischer Häuser.

83__Der Weinbergsturm

Glockenliebe

Es gibt ja zahlreiche Hobbys und Passionen auf unserem Planeten … und manche kann man durchaus als ungewöhnlich bezeichnen. Auf das Sammeln von Kirchenglocken trifft das mit Sicherheit zu. Christian Lenz ist von Beruf Gärtner, der den Burggarten der Heimburg (Hohneck) im Alter von 22 Jahren zunächst gepachtet und schließlich gekauft hat. Mit Leidenschaft widmet er sich dort einer Idylle, die neugotische Wirtschaftsgebäude, Figuren aus dem ehemaligen Märchenhain, Glocken und sogar eine Nachbildung des römischen Pantheons im Miniaturformat umfasst. Im Vergleich dazu ist der Weinbergsturm eine beinahe unscheinbare Schöpfung des Gärtners.

Benannt ist er nach der Weinbergslage »Froher Weingarten«, in der er steht, und errichtet wurde er 2010/11 auf dem Fundament eines ehemaligen Strommasts. Aus roten Ziegelsteinen ist er gemauert und wird von einer milchigen Kuppel abgeschlossen. Vier Türmchen stehen auf seinen Ecken, das Ensemble soll an den Berliner Reichstag erinnern.

Christian Lenz' große Leidenschaft für Glocken begann bereits in seiner Zeit als Messdiener. Trotzdem wurde er von Beruf nicht Glockengießer, sondern Gärtner, hat aber vor einigen Jahren ein Praktikum in einer Gießerei absolviert. Glocken und der Glaube gehören für ihn untrennbar zusammen. Und wer eine Leidenschaft für Glocken hat, der kommt wohl nicht darum herum, Türme zu errichten, um für sie den gebührenden Ort zu finden.

Der Schlagton der Weinbergsglocke ist b2, und er ist auf den Klang weiterer Glocken in der Gemeinde Niederheimbach abgestimmt. Als Inschrift trägt die Glocke den Namen der Teresa von Ávila. Das ist sehr passend, denn von ihr ist das schöne Zitat überliefert: »Tu deinem Leib etwas Gutes, damit deine Seele Lust hat, darin zu wohnen.« Der Genuss von Wein fällt, wenn er denn maßvoll geschieht, doch sicherlich in die Kategorie der guten Dinge, die die Heilige gemeint hat.

Adresse Heimbachtal, 55413 Niederheimbach | Anfahrt Von der B 9 auf Heimbachtal, am Bürgerhaus rechts in Richtung Friedhof. Oberhalb des Friedhofs macht die Straße eine scharfe Rechtskurve, geradeaus geht der Fußweg hinauf in den Weinberg. | Tipp Besuchen Sie die Burggärtnerei der Heimburg (Ernst-Heilmann-Straße).

84 Das halboffene Weideland

Tierische Landschaftspflege

Während die Weine vom Oberdiebacher Fürstenberg immer noch Furore machen, liegt der Bischofshub inzwischen brach. Dabei handelt es sich um eine uralte Weinlage, deren Name wohl darauf zurückgeht, dass es in Oberdiebach einen Hof des Kölner Erzbischofs gab, der seit dem 17. Jahrhundert nicht mehr bewirtschaftet wird (»hinder des Bischofs hoffe«). Optimal nach Süden ausgerichtet war dieser Weinberg – und außerdem sehr steil. Letzteres wurde ihm zum Verhängnis, denn die Bewirtschaftung war den Winzern zu aufwendig. Es mag zudem eine Rolle gespielt haben, dass die örtlichen Winzer zu spät von der Fasswein- auf die ertragreichere Flaschenweinproduktion umgestiegen sind.

Oberdiebach ist heute längst kein Winzerdorf mehr, und der Bischofshub verbuschte zusehends. Brombeeren, Sträucher und Bäume übernahmen das Kommando. Um wieder Leben in diese gleichsam erstarrte Landschaft zu bringen, setzt man heute auf Tiere, zum Beispiel Pferde oder Ziegen. Auf der 30 Hektar großen Fläche des Bischofshubs, die neben dem ehemaligen Weinberg auch einstige Streuobstwiesen und Waldstücke umfasst, übernehmen Exmoor-Ponys die Landschaftspflege. Die scheuen Tiere werden halbwild gehalten. Sie fressen Zweige und die Rinde alter Bäume. Auch Letzteres ist ausdrücklich erwünscht, denn dadurch sterben die Bäume ab und erzeugen Totholz, das von Käfern besiedelt wird und Nahrung für die Vögel bedeutet. Genau so kommt wieder neues Leben in eine alte Kulturlandschaft.

An anderen Stellen im Mittelrheintal wird diese Arbeit von Burenziegen übernommen. Die Mittelrheinziege und die von ihr stammenden Produkte sind längst ein Markenzeichen geworden. Wenn man heute den Bischofshub auf dem von Trockenmauern begrenzten Weg umrundet, entdeckt man sie vielleicht, die scheuen Ponys, die tierischen Landschaftspfleger, wie sie elegant über die alten Mauern schreiten.

Adresse Bischofshub, 55413 Oberdiebach | Anfahrt Von der B 9 auf die Rheingoldstraße. Gegenüber der Hausnummer 164 steht das Hinweisschild hinauf zum Weideland. | Tipp Vor oder nach dem Besuch des Weidelands sollte man den Weinschröterbrunnen (Im Potzweiler) besichtigen.

85 Der Schellengang

Achtung, Staatsgrenze!

Wenn wir auf dem Schellengang vorbei am Oberdiebacher Friedhof das Diebachtal hinaufwandern, können wir gedanklich zurück in die Zeit der Kurfürsten spazieren. Zu dem sogenannten »Viertälergebiet« gehörten, bis zur Abtretung an den Mainzer Erzbischof, außer den Orten Steeg, Bacharach, Oberdiebach und Manubach auch Niederheimbach, Oberheimbach und Trechtingshausen. Durch die Gebietsabtretung wurde das Diebachtal zur Grenze zwischen Kurmainz und Kurköln – also zu einer veritablen Staatsgrenze. Zur Verteidigung seines Gebiets und zur Zollerhebung ließ der Kölner Erzbischof die wehrhaften Burgen Stahlberg (bei Steeg) und Fürstenberg (bei Rheindiebach) errichten. Beide sind heute nur noch als Ruinen erhalten. Aber an der Ruine Fürstenberg findet man noch umfangreiche Reste des Originalputzes – eine Seltenheit am Mittelrhein.

Die Vorstellung, dass auf diesem Weg einst regelmäßig die Grenze begangen wurde, vermag die Phantasie von Wanderern auf dem Schellengang besonders anzuregen. Einmal im Jahr gab es eine Grenzbegehung zwischen den Ortschaften, um Streitigkeiten über das Weideland zu vermeiden. Mit sogenannten Schellen (Glocken) machte man auf sich auf den Weg, um seinen Anspruch sozusagen präventiv geltend zu machen. Heute ist der Schellengang ein gut ausgeschilderter Rundwanderweg mit einer Gesamtlänge von 10,5 Kilometern, der offiziell an der Fürstenberghalle startet. Man kann aber auch gut am Friedhof einsteigen. Neben herrlichen Ausblicken ins Rheintal und auf die Ruine Fürstenberg passiert er auch Burenziegen und Exmoor-Ponys. Sie werden gezielt eingesetzt, um durch die Beweidung Landschaftspflege zu betreiben und eine weitere Verbuschung der alten Weinberge zu verhindern. Der eigentliche Schellengang, am Diebach entlang, ist ein Teilstück des Rundwanderwegs. Vielleicht erkennen Sie ihn ja, wenn Sie auf das Läuten der Glocken achtgeben.

Adresse Kirchstraße, 55413 Oberdiebach | Anfahrt von der B 9 in Rheingoldstraße, links in Kirchstraße bis zum Friedhof | Tipp Wenn man vom Wanderweg schon einen Blick darauf geworfen hat, sollte man sich die sehr sehenswerte Burgruine Schloss Fürstenberg auch genauer anschauen.

86 Die Straße am Kräuterberg

Feurig und einst weltbekannt

Die Straße am Kräuterberg ist so vielfältig und pittoresk, dass sie es sogar bis ins Fernsehen geschafft hat. Hinter der Hausnummer 10 verbirgt sich ein Superlativ: das älteste gotische Fachwerkhaus am Mittelrhein. 1369 wurde es gebaut. Unter der Hausnummer 4 aber findet sich ein weiteres Highlight, auch wenn es äußerlich eher weniger hergibt: der letzte Feuerweinkeller.

Die Römer waren es, die die Technik der Bereitung von *vinum coctum*, gekochtem Wein, nach Germanien brachten. Für den Feuerwein wurden nur sehr reife Trauben verwendet, die manchmal sogar auf Strohmatten getrocknet wurden, um einen konzentrierteren Wein zu erhalten. Der frische Most wurde in Fässer gefüllt, die in Feuerweinkammern über einem Kohlenfeuer erhitzt wurden. Das führte in kurzer Zeit zu einer stürmischen und aufbrausenden Gärung, bei der man aufpassen musste, dass der Most nicht aus dem Fass überschäumte.

Nach etwa drei Tagen hörte der Wein auf zu gären. Das Ergebnis war ein süß schmeckender und alkoholstarker Wein. Die Rotweine hatten eine dunkle Farbe. Der gefeuerte Wein schmeckte den Weinliebhabern deutlich besser als der durchgegorene, saure und zur Verbesserung des Geschmacks meist mit Kräutern gewürzte mittelalterliche Wein. Jedenfalls war er ein begehrtes mittelrheinisches Exportgut, dessen Abnehmer vor allem in Holland, England und den Städten der Hanse lebten.

Bacharach und das Viertälergebiet waren das Zentrum der Feuerweinproduktion. Verschifft wurden die Weinfässer von Bacharach aus. Der letzte Feuerwein wurde in Oberdiebach im Keller des Hauses Am Kräuterberg 4 im Jahr 1824 hergestellt. Nach dem aktuellen Weinrecht müsste man den Feuerwein als »weinhaltiges Getränk« bezeichnen, aber leider widmet sich aktuell niemand dieser einst modernen Art der Weinbereitung. Auch der letzte Feuerweinkeller ist Sanierungsarbeiten zum Opfer gefallen.

Adresse Am Kräuterberg 4, 55413 Oberdiebach | Anfahrt in Rheindiebach von der B 9 in Rheingoldstraße, bis Oberdiebach, links auf Am Kräuterberg | Tipp Besuchen Sie die Pfarrkirche St. Mauritius mit ihrer eisernen Kanzel.

87 Der Weinschröter-brunnen

Vierschrötige Kerle

Einst nutzten die Winzer den Brunnen am westlichen Rand von Oberdiebach. Es ist der Initiative des umtriebigen Horst Maurer zu verdanken, dass er restauriert und der Platz drum herum mit Schiefermauer, Bänken und einer Infotafel ansprechend gestaltet wurde. Horst Maurer war Gründungsmitglied und 20 Jahre lang Vorsitzender des Vereins »Weinschröter Oberdiebach«.

Das Wort Schröter kommt von »schroten«, was nicht nur so viel wie grob zerkleinern bedeutet, sondern auch für das Rollen, Wälzen oder Schieben schwerer Lasten steht. Und genau dies war die Aufgabe der Weinschröter, die für den Transport der Fässer zuständig waren. Mit Hilfe von Schrotleitern, Seilwinden und roher Muskelkraft beförderten die Schröter die Weinfässer aus den Kellern und luden sie auf ihre Fuhrwerke.

Der Beruf des Weinschröters geht wohl auf die Frankenzeit um das Jahr 800 zurück. Im Mittelalter bildeten sich die ersten Weinschröter-Gilden. Eine Gruppe von Schrötern bestand aus sechs bis zwölf Männern, und jeder von ihnen war auf bestimmte Handgriffe spezialisiert. Trotz aller Hilfsmittel war das Schroten schwere körperliche Arbeit, weswegen die Schröter kräftige und geschickte Männer waren. Oftmals betrieben sie das Schroten im Nebenberuf und waren eigentlich als Bauern oder Winzer tätig. Sobald der Schrötermeister einen Auftrag bekam, ließ er die Kirchenglocke läuten, um die Schröter zu versammeln. In der Oberdiebacher Kirche gab es dazu eigens eine Schröterglocke im Glockenturm. Die Verbreitung des Nachnamens Schröder deutet darauf hin, wie viele Schröter, für Wein oder Bier, es einst in Deutschland gegeben hat. Mit der Erfindung von Pumpen und anderen technischen Hilfsmitteln wurden die Weinschröter arbeitslos. Zudem wird heutzutage der meiste Wein ja in Flaschen abgefüllt.

Adresse Im Potzweiler, 55413 Oberdiebach | **Anfahrt** von der B 9 auf Rheingoldstraße, rechts auf Fürstenbergstraße, links in Niehuisweg, scharf links auf Im Potzweiler | **Tipp** Schauen Sie sich die ehemalige Weinkellerei des Winzervereins Oberdiebach in der Fürstenbergstraße 9 an.

88 Das erste Rebenaufbaugebiet

Der Reblaus den Kampf angesagt

Nachdem man den Weg hinauf in die Oberheimbacher Weinberge gefunden hat, sieht man ihn schon: den Rastplatz am Wirtschaftsweg mit Ruhebänken, Flagge, schöner Aussicht auf Oberheimbach und einem eher unscheinbaren Gedenkstein. »Zum Gedenken an das erste deutsche Rebenaufbaugebiet im Heimbachtal 1924–1927«, lautet die nur noch schwer entzifferbare Inschrift auf der am Stein angebrachten Tafel. Was will uns das sagen, fragt man sich unwillkürlich.

1863 gab es in Frankreich die ersten Berichte über eine unbekannte Rebkrankheit. Der Franzose Jules Planchon entdeckte an den Wurzeln der sterbenden Reben gelbe Insekten, die er *Phylloxera vastatrix*, zerstörerische Laus, nannte. Die Reblaus machte bei der Verwüstung der europäischen Rebberge auch am Mittelrhein keine Ausnahme und befiel besonders den nördlichen Mittelrhein. 1884 hatte sich die Plage bis nach Ockenfels bei Linz ausgebreitet, erst bei Hammerstein wurde sie auf ihrer Wanderung gestoppt. Um 1900 war der größte Teil der europäischen Weinberge entweder zerstört oder schwer befallen.

Ursache war der Import amerikanischer Rebstöcke. Zu der Zeit, als die Schiffe schneller wurden, überlebte der Schädling die Reise und konnte sich in Europa ausbreiten. Unzählige Behandlungsmethoden gegen die Seuche wurden ausprobiert, darunter das Überfluten der Weinberge und das Vergraben einer toten Kröte im Wurzelbereich. Die Lösung war schließlich so genial wie einfach: Europäische Reben wurden auf amerikanische Unterlagen gepfropft. Das funktionierte so gut, dass heute nur noch 15 Prozent der weltweiten Rebstöcke auf ihren eigenen Wurzeln wachsen.

Das Heimbachtal leistete Pionierarbeit, als die ersten gepfropften Reben Deutschlands gepflanzt wurden – der Beginn des modernen Weinbaus in Deutschland.

Adresse Sonnenhof, 55413 Oberheimbach | Anfahrt von der B 9 in Niederheimbach auf Heimbachtal, bis Oberheimbach, rechts in Hauptstraße, links auf Am Sonnenhang, scharf rechts auf Im Peisel, weiter auf Sonnenhof fahren | Tipp In der Hauptstraße gibt es einige sehenswerte Gebäude, so den Lamberger Hof mit der Hausnummer 18 sowie weitere Häuser im Ortskern.

89 Der Goldene Pfropfenzieher

Wiege der Demokratie

»Hotel Goldner Pfropfenzieher«, steht in goldenen Lettern auf der weiß getünchten Fassade des heutigen Hotel-Restaurants, das 1510 zum ersten Mal erwähnt wurde. Wer davorsteht oder einkehrt, kann 500 Jahre deutsche Geschichte einsaugen. »Ausspann am Rhein« hieß das Haus einst, weil die Treidler hier ihre Pferde ausspannten. So trafen sich im Ausspann Schiffer, Fuhrleute und Reisende, die mit der Postkutsche unterwegs waren.

Der heutige Name soll auf den Maler Adolph Schroedter zurückgehen, der 1834 ein Wirtshausschild mit einem goldenen Korkenzieher malte. Es war die Zeit der Rheinromantik und revolutionären Strömungen, in der das Haus zum Treffpunkt von Dichtern, Malern und Intellektuellen wurde. Auf der Gästeliste stehen so illustre Namen wie der Lyriker und Übersetzer Ferdinand Freiligrath, der in St. Goar wohnte und Oberwesel als seinen »schönsten Zufluchtsort am Rhein« pries. Karl Simrock, der Bonner Germanist und Übersetzer des Nibelungenlieds, war zu Gast und hat sich mit dem Sammeln von Rheinsagen beschäftigt. Aber auch Emanuel Geibel, Ende des 19. Jahrhunderts der erfolgreichste Lyriker, sowie der französische Schriftsteller Victor Hugo kehrten öfter im Goldenen Pfropfenzieher ein.

August Heinrich Hoffmann von Fallersleben war es, der dem Haus zu besonderer Bedeutung verhalf. Er trug hier erstmals »Das Lied der Deutschen« vor. Das Lied wurde damals vor allem von freiheitlich gesinnten Bürgern und Studenten begeistert gesungen. Die Nazis kürzten es auf die erste Strophe. Die Hinweistafel am Pfropfenzieher wurde 1941 unter großer Anteilnahme der örtlichen Nationalsozialisten angebracht. Lange hat es gedauert, bis das Nachkriegsdeutschland zu einem unverkrampfteren Umgang mit der Hymne fand. Aber »Einigkeit und Recht und Freiheit« spiegeln bis heute die Werte, denen sich die Bundesrepublik verpflichtet fühlt.

Adresse Am Plan 1, 55430 Oberwesel | **Anfahrt** von der B 9 auf Am Plan, der Straße bis zum Pfropfenzieher folgen | **Öffnungszeiten** Infos: goldener-pfropfenzieher.com | **Tipp** Die Besichtigung der begehbaren Stadtmauer und der Türme lohnt sich. Der Katzenturm ist gleich um die Ecke vom Pfropfenzieher.

90_Das Meteoritenmuseum

Sternenstaub

Einen Ort wie das »Decker Meteorite-Museum« vermutet man eher in einer Großstadt wie München oder Berlin. Aber nein, wer das weltweit einzige Museum dieser Art besuchen will, der muss sich auf den Weg nach Oberwesel machen. Nicht einmal in den USA findet man ein vergleichbares Museum.

Mit dem Sternenstaub-Virus wurde das Ehepaar Gabriele und Stephan Decker infiziert, als sie bei einem Glas Rheinwein in Oberwesel saßen und zwei Sternschnuppen beobachteten, die kurz nacheinander aufblitzten. Der Gedanke, außerirdische Materie in die Finger zu bekommen, kam auf, und daraus entstand rund zehn Jahre später, das war 2011, das Oberweseler Museum. Hier kann man sich über alle Arten von Meteoriten informieren: Steinmeteoriten, überwiegend aus Silikatmineralien, reine Eisenmeteoriten, hauptsächlich aus Nickeleisen, und die Mischform der Steineisenmeteoriten.

Aber keine Angst, das Museum ist keine dröge Ansammlung von Schaukästen in schummrigem Licht. Der gehörlose Bad Kreuznacher Wandmaler Harry Wittlinger hat das Museum auf geradezu »spacige« Weise gestaltet. Wände und Decken sind mit Galaxien, Nebeln, von Kratern übersäten Planeten, Feuerkugeln und Meteoriten farbenfroh bemalt.

Das Ehepaar Decker ist nicht nur sammelwütig, sondern hat inzwischen weltweite Kontakte in der Meteoriten-Community und verfügt über profunde Expertise. Wer meint, einen Meteoriten gefunden zu haben, kann ihn von ihnen auf Echtheit überprüfen lassen. Highlight der Ausstellung ist ein 43 Kilogramm schwerer Eisenmeteorit namens Campo del Cielo, der 1576 in Argentinien einschlug. Daneben gibt es aber auch Abgussmodelle berühmter Meteoriten, darunter der Krähenberger und der Neuschwanstein. Wenn Sie das Museum besichtigt haben, können Sie Ihr neu erworbenes Wissen über den Sternenstaub testen. In der Bruchsteinmauer des Hauptraums sind einige Meteoriten versteckt, die es zu entdecken gilt.

Adresse Oberstraße 10a, 55430 Oberwesel | Anfahrt von der B 9 rechts auf Schaarplatz, rechts in Oberstraße | Öffnungszeiten Mo, Di, Do, Fr 9–12 und 14.30–17 Uhr, Mi 9–12 Uhr, Sa 10–12 Uhr | Tipp Gleich gegenüber ist das Minoritenkloster samt Kirchenruine, Klostergarten, Kreuzgang und Sakristei.

91 Die Schwedebure

Im Krieg und in der Liebe

Die Schwede-Bure-Tour ist ein zwölf Kilometer langer Wanderweg, der am Schaarplatz in Oberwesel startet. Er führt vorbei an der Martinskirche zu einem Aussichtspunkt mit dem einprägsamen Namen »Kackstuhl« und passiert das Gasthaus Rheingoldschänke. Eines der Highlights der Tour, zudem namensgebend für den Wanderweg, ist die Schwedebure, der Schwedenborn, ein Brunnen also.

Von Bäumen beschattet stehen zwei Bänke vor einem kleinen dunklen Loch, das sich im Schiefer auftut. Der Blick von dort oben geht auf den Rhein, zu den Hängen auf der anderen Flussseite. Betrachtet man die grün bemoosten Felsen, von denen die Felsspalte umgeben ist, genauer, entdeckt man Herzen, die in den Schiefer eingeritzt wurden. Ein Ort für Liebende, denkt man und lässt sich mit einem wohligen Gefühl auf der Bank nieder. Aber nicht immer erfüllte dieser Ort diesen ganz und gar friedlichen Zweck.

Das 17. Jahrhundert war auch in Oberwesel eine Zeit der Kriege. 1629 besetzten schwedische Truppen die Stadt, eine große Hungersnot und die Pest gehörten zu den Folgen. Wie immer in solchen Zeiten waren es Frauen und Mädchen, die besonders unter den Soldaten zu leiden hatten. Die Oberweselerinnen suchten Schutz in Felslöchern, die im Volksmund »Schwedenlöcher« genannt wurden. Oder Schwedenborn, wie in diesem Fall, in dem eine kleine Quelle Wasser spendete, was natürlich besonders komfortabel war.

Freigelegt wurden der Wanderweg und der zugewachsene Brunnen in den 1930er Jahren, wodurch die schattige Liebeslaube geschaffen wurde, die wir heute vorfinden.

Dem Geist unserer Zeit geschuldet ist die Schiefertafel, die neben der Infotafel aufgebaut wurde und dazu ermuntern soll, auf ihr eine Liebesbotschaft zu hinterlassen. Das unmotivierte und unleserliche Gekrakel auf der Tafel zeigt, dass es kein Ersatz für die Verewigung im Schieferfels ist – auch wenn es dem Naturdenkmal deutlich besser tut.

Adresse Hardthöhe, 55430 Oberwesel | Anfahrt Von der B 9 in Oberwesel auf Am Plan, rechts in Kölnische Turmgasse, rechts auf Heumarkt, am Wanderparkplatz Hardt scharf links, links um den Hof Hardthöhe herum bis zur Kreuzung und parken. Rechts geht vom Wanderweg ein Weg hinunter zur Kalvarienbergkapelle, dann rechts weiter zur Schwedebure. | Tipp Halten Sie bei der schlichten neugotischen Kalvarienbergkapelle am Ende des Oberweseler Kreuzwegs. Oder wandern Sie gleich die gesamte Schwede-Bure-Tour.

92 Der Trollpfad

Digital KonTroll

Auf den Wanderwegen oberhalb von Oberwesel Richtung Urbar gibt es eine Menge zu entdecken. Weithin bekannt ist das Günderodehaus, das Fachwerkensemble und ehemalige Filmhaus aus »Heimat 3«, das Edgar Reitz aufbauen ließ. Nur ein kleines Stückchen weiter muss man gehen, um den Trollpfad zu erreichen, einen Wanderweg auf der Rheinhöhe. Wenn man es genau nimmt, ist der Trollpfad ein Teilstück des Oberweseler Skulpturenwegs. Er beginnt in den Rheinanlagen und führt über vier Kilometer auf die Höhe.

Der Weg wurde 1996 auf Initiative des Bildhauers Willy Heinzen, der auch die Urbarer Freiheitswutz schuf, und des Kunstvereins Dida Art angelegt. Der Verein existiert leider nicht mehr, und viele Skulpturen, die damals aufgestellt wurden, sind inzwischen zerstört, wurden abgebaut oder umgesetzt. Aber einige kann man noch entdecken, wie den rostigen Elefanten von Otmar Alt am Rheinufer. Oder die stählerne »Figur 1« von Heinrich Demel auf der Rheinhöhe. Die aus vielen 100 Edelstahlstäben zusammengeschweißte Skulptur zeigt sich je nach Einfall der Sonne von immer wieder anderen Seiten.

Im Vergleich zum Skulpturenpark ist der Trollpfad ein geradezu anarchisches Kunstprojekt. Jeder, der möchte, kann einen Troll hinzustellen. Auch der künstlerische Anspruch scheint nicht gar so streng. Bei den bunten, aus Stahl und Blech geschweißten Figuren steht vielmehr der Spaß im Vordergrund. Und den hat man zweifellos, wenn man entlang des Weges auf die Suche nach den phantasievollen Fabelwesen geht. Man trifft zum Beispiel den »Digital KonTroll«, der die moderne IT beherrscht, oder »Nr. 10«, den Fußballtroll. Der Troll ohne Furcht und Tadel ist ein unerschrockener Rittersmann. Gleich am Einstieg von der Kreisstraße 95 grüßt der Postbotentroll und verkündet launig, die Troll-Post sei angekommen. Und eine Postbank, um sich darauf niederzulassen, gibt es auch.

Adresse Rheingoldstraße, 55430 Oberwesel | **Anfahrt** von der B 9 aus der Beschilderung »Günderodehaus Filmhaus HEIMAT 3« folgen, Einstieg in den Trollpfad von der K 95 dort, wo der Postbotentroll steht | **Tipp** Besuchen Sie das Günderodehaus (guenderodehaus.de).

93__Der Weinkelch

Wahrzeichen in Teilzeit

Wuselig ist das Oberweseler Zentrum zwischen Marktplatz und Rathausstraße. Die Kulisse bilden pittoreske Fachwerkhäuser und das alte Rathaus, erbaut Mitte des 19. Jahrhunderts im Stil einer Wehrburg. Mittendrin, an der Nordwestecke des Rathauses, steht der Weinkelch, so etwas wie das Wahrzeichen von Oberwesel.

Es herrscht ein ständiges Kommen und Gehen – von der Bushaltestelle strömen Bürger zur Verbandsgemeindeverwaltung oder in die Stadtverwaltung gegenüber, um etwas zu erledigen, und wieder zurück. Drei hölzerne Etagen, die mit Trauben, Weingläsern und immer wieder dem Wappen von Oberwesel geschmückt sind, bilden das Podest für den Kelch. Dazwischen wachsen rote Geranien. Und obendrauf steht er, der goldene Kelch im Stil eines Römerglases. »Weinstadt Oberwesel«, steht auf ihm geschrieben, dazwischen wieder das Stadtwappen. Das Wappen, ein schwarzer Adler mit roten Krallen und roter Zunge auf goldenem Grund, erinnert doch sehr an den Bundesadler. Es weist darauf hin, dass Oberwesel von 1237 bis 1309 freie Reichsstadt war.

1840 schrieb Victor Hugo in seiner »Rheinreise«: »Heute ist Oberwesel nichts anderes als ein alter Soldat, der zum Weinbauer geworden ist.« Es gibt immer noch einige Weingüter in Oberwesel, und mit dem Oelsberg verfügt das Städtchen über eine absolute Spitzenlage. Der Weinmarkt findet stets an zwei Wochenenden im September statt. Die »Weinhex«, eine Oberweseler Weinkönigin, entsteigt in der Walpurgisnacht mit Zauberknall und Hexenfeuer dem großen Weinfass auf dem Marktplatz. Der Weinkelch aber ist nur ein Wahrzeichen in Teilzeit, denn er wird nach Pfingsten platziert und muss im November dem großen Tannenbaum weichen. Er wird dann in den Bauhof verfrachtet.

Der Weinkelch wurde in den 1930er Jahren zum ersten Mal aufgestellt. Der aktuelle Kelch tut seinen Dienst seit den 1970er Jahren. Mit Wein war er übrigens noch nie gefüllt.

Adresse Rathausstraße 6, 55430 Oberwesel | Anfahrt in Oberwesel von der B 9 auf Am Schaarplatz, rechts in Rathausstraße | Tipp Wenn man von der Rathausstraße aus die Bußgasse hochgeht, erreicht man den Stadtgarten mit tollem Blick auf die alte Stadtmauer und den Rhein.

94 Das Gasthaus Stahl

Wo Schwalben über die Decke fliegen

Eine solche Kombination, wie Familie Stahl sie bietet, findet man am Mittelrhein kein zweites Mal: Gasthaus, Weingut, Hotel und Bauernhof in einer Hand. Paul Stahl leitet das Gasthaus samt Hotelzimmern. Das kleine Restaurant ist stilvoll gealtert. Beleuchtete Wandgemälde zeigen Ausblicke, wie sie typisch für die Romantik des Mittelrheintals sind, und dazwischen rankt der Wein. Wenn man an die weiß gekalkte Decke schaut, dann entdeckt man kleine Schwalben, die über sie zu segeln scheinen. Nur die Wölbung der Decke verrät noch, dass dies einst der Pferdestall war. Der prächtige Festsaal stammt vom Ende des 19. Jahrhunderts, und auf seiner Galerie kann man antikes Mobiliar finden.

Bruder Peter Stahl ist für das Weingut verantwortlich. Er kultiviert Riesling, Grau- und Spätburgunder in den Oberweseler Lagen, und natürlich sind es seine Weine, die im Gasthaus ausgeschenkt werden. Für die Hausgäste wird ein ganz besonderer Service geboten. Man kann die Treppe hinunter in den Weinkeller von 1859 gehen und sich dort durch das Sortiment probieren. Man steht im Kerzenlicht, atmet den typischen Duft alter Gewölbekeller und schenkt sich aus den Flaschen ein, die auf Weinfässern drapiert sind. Wenn man die Treppe wieder hochsteigt, ist man um eine Genusserfahrung reicher.

Geradezu legendär ist das Frühstück, das den Vergleich mit renommierten Hotels deutscher Großstädte nicht scheuen muss. Christa steht besonders früh auf, um Kuchen zu backen, die zum Frühstück noch warm serviert werden. Und wenn man Glück hat, stehen auch noch Siedewürste zur Auswahl. Die stammen, wie könnte es anders sein, vom Hof Stahl, dem gut einen Kilometer entfernten Bauernhof. Hier konzentriert man sich auf die Tierhaltung und öffnet Freitag und Samstag den Hofladen. Das alles ist ein echtes All-inclusive-Erlebnis aus den Händen der Familie Stahl und ihrer engagierten langjährigen Mitarbeiter.

Adresse Am Talblick 6, 55430 Oberwesel-Dellhofen | Anfahrt von der B 9 auf Liebfrauenstraße, rechts, dann links auf Liebfrauenstraße bleiben, in Rhinelanderweg und der Straße bis Dellhofen folgen, rechts auf Zu den Weingärten, links auf Am Talblick | Öffnungszeiten Infos: gasthaus-stahl.de | Tipp Wenn man zurück auf Zu den Weingärten geht und dann rechts entlang, kann man auf ausgedehnten Wegen durch die Weinberge spazieren.

95 Das Weingut Lithos

Griechischer Wein

Weingut Theodoropoulos in Oberwesel-Weiler-Boppard – diesen langen Namen wollte man vermeiden und entschied sich deshalb für das griechische *Lithos*, also Fels oder Gestein. Nicht nur in der Namensgebung beweist die Familie Theodoropoulos ein glückliches Händchen. Im Juli 2015 übernahm sie den 350 Jahre alten Traditionsbetrieb im versteckten Oberweseler Ortsteil und packt seitdem das Projekt »Weingut Lithos« mit großem Elan an.

Christian Theodoropoulos kommt ursprünglich aus Krefeld, hat eine Winzerausbildung und anschließend den Abschluss als Weinbautechniker in Bad Kreuznach gemacht. Nach Anstellungen als Außenbetriebsleiter und Kellermeister wirkt er nun in eigener Regie. Auch seine Frau Kristina ist berufstätig – im Gesundheitsmanagement – und kümmert sich insbesondere um die Ferienwohnungen und die Weinstube. Es braucht schon sehr viel Elan und Durchhaltevermögen, um quasi ein neues Weingut aus dem Boden zu stampfen, ohne dass man auf einer familiären Tradition aufbauen kann. Die Reben des Weinguts sind zwischen 25 und 60 Jahre alt. Sie stehen in den Steil- bis Steilst-Lagen Weiler-Bopparder Kapellenberg (direkt hinterm Haus des Weinguts), Engehöller Goldemund und Oberweseler Bernstein. Angebaut wird, typisch für den Mittelrhein, vor allem Riesling, aber auch ein wenig Spätburgunder. Christian Theodoropoulos versucht, den Wein so wenig wie möglich zu schwefeln. Er verfolgt das Ziel, langlebige Weine mit Reifepotenzial zu erzeugen, die nicht zu jung getrunken werden sollten. Wenn man in den hauseigenen Ferienwohnungen übernachtet, kann man all dies live erleben.

Und auch das soll nicht unerwähnt bleiben: Nebenbei produziert Lithos einen griechischen Familienwein, im Barrique gereift und hundertprozentig aus der St.-Georgs-Traube (Agiorgitiko) gekeltert. Probieren Sie diesen dichten und waldbeerfruchtigen Rotwein und träumen Sie sich in die griechische Sonne.

Adresse Am Weinberg 78, 55430 Oberwesel-Weiler-Boppard | Anfahrt A 61, Ausfahrt Laudert, auf der L 220 rechts Richtung Oberwesel, im Ortsteil Oberwesel-Engehöll (circa 200 Meter nach dem Ortsschild) rechts dem Wegweiser Weiler-Boppard bis zum Weingut folgen | Öffnungszeiten nach Absprache, Info: weingutlithos.de | Tipp Besuchen Sie den Pop-up-Weinstand in den Rheinanlagen. Er ist von Frühjahr bis Herbst geöffnet und wird jedes Wochenende von einem anderen Winzer (manchmal auch von lokalen Vereinen) aus Oberwesel und Umgebung betrieben.

96 Das 29er-Ehrenmal

Die Ersatzruhestätte

Die vier apokalyptischen Reiter – Krieg, Pest, Hunger und Tod – rasen auf ihren Pferden dahin und bringen Unheil über die Welt. Darüber schreitet der Sämann. Passender könnte das Relief kaum sein, das an der Giebelwand im Innern des 29er-Ehrenmals angebracht ist.

Hoch auf der Rheinbrohler Ley thront das weiß getünchte Ehrenmal. Man erreicht es am besten über den Rheinsteig, auf einer Wanderung von Rheinbrohl Richtung Leutesdorf. Am Leyhäuschen, oberhalb des Ehrenmals, kann man den Blick über Hammerstein, die Hammersteiner Werth und Andernach schweifen lassen, bevor man den steilen Weg hinabsteigt, um sich den Schrecken des Krieges zuzuwenden. Als die Gedenkstätte in den Jahren 1931 bis 1933 errichtet wurde, war das 29er-Regiment längst Geschichte.

Das Ehrenmal hat die ungewöhnliche Form einer Kirche, die mit einer kupfernen Eingangstür verschlossen ist. Im Inneren steht ein Sarkophag, in dem das Goldene Buch eingeschlossen ist, das die Namen aller 3.450 Soldaten des Regiments enthält, die im Ersten Weltkrieg gefallen sind. An den Wänden hängen Tafeln, die die Gefallenen der einzelnen Kompanien verzeichnen. Vor der Kapelle stand ursprünglich ein bronzenes Soldatenstandbild, das im Zweiten Weltkrieg eingeschmolzen wurde. Das Regiment Nummer 29 war ein Infanterieverband der Preußischen Armee, der von Kaiser Wilhelm II. den Beinamen »von Horn« bekam, zu Ehren des Generalleutnants Heinrich Wilhelm von Horn. 1813 gegründet, nahm es an den Befreiungskriegen, am Deutschen und Deutsch-Französischen Krieg sowie am Ersten Weltkrieg teil. Die während des Ersten Weltkriegs bei den Kämpfen an Ost- und Westfront gefallenen Soldaten haben im 29er-Ehrenmal ihre symbolische letzte Ruhe gefunden. Insofern dient die kleine Kirche als Ersatzruhestätte. Auch wenn man sich nicht für Militärgeschichte interessiert – das Mahnmal hat bis heute leider nichts von seiner Aktualität verloren.

Adresse Rheinbrohler Ley Ehrenmal, 56598 Rheinbrohl | Anfahrt von der B 42 in Rheinbrohl rechts in Kehrstraße, die in Gaulental übergeht, bis zum Ende fahren, zu Fuß der Beschilderung zum Ehrenmal folgen | Öffnungszeiten Besichtigung nach Absprache, Ansprechpartner: Verein ehemaliger 29er und Förderer des Ehrenmals e. V., E-Mail: vorsitzender@29er-ehrenmal-rheinbrohl.de | Tipp Da man sich auf dem Rheinsteig befindet, kann man ihn auch gleich weiterwandern, entweder hinunter nach Rheinbrohl oder nach Leutesdorf.

97 Das Grab von Hermann Honnef

Der Windkraft-Visionär

Wenn Hermann Honnef aus dem Himmel auf uns herabschaut, dann muss er sicher schmunzeln – und wird sich bestätigt fühlen. Dass er Ingenieur wurde, war eher Zufall, wurde er doch in eine Gärtnerfamilie hineingeboren. Aber ein komplizierter Beinbruch verbaute ihm diesen Berufsweg. So widmete er sich mit großem Eifer der Technik, absolvierte eine Schlosserlehre und wurde bereits im dritten Lehrjahr Abteilungsleiter. Es folgte eine steile Karriere. Mit gerade mal 20 Jahren leitete er bereits große Bauvorhaben für seine Firma, darunter eine schwimmende Badehalle in Düsseldorf und eine prächtige Markthalle in Krefeld. Mit 22 wechselte er nach Düsseldorf zur Firma Flender, spezialisierte sich auf Brückenbau und wurde international bekannt. Die meisten deutschen Funktürme seiner Zeit stammten von ihm, so der Mittelturm der Sendeanlage bei Königs Wusterhausen. Er war damals das höchste Bauwerk Deutschlands und das zweithöchste der Welt nach dem Eiffelturm.

1906 gründete Honnef schließlich seine eigene Eisenkonstruktionsfirma, die aber 1931 in Konkurs ging. Nun wandte er sich der Idee zu, die Windkraft in großen Höhen zur Erzeugung elektrischer Energie zu verwenden. Er entwickelte 500 Meter hohe Türme, die er mit bis zu fünf Großturbinen ausrüstete. Auch ein schwimmendes Wasserkraftwerk konstruierte er und machte sich bereits Gedanken zur Speicherung und Nutzung von überschüssiger elektrischer Energie. Er verfasste das Buch »Windkraft« und warb unermüdlich für seine Ideen. Leider war er seiner Zeit viel zu weit voraus und starb am 30. Juni 1961 verarmt in Rheinbrohl, wo er seinen Lebensabend verbracht hatte.

Wer das Grabmal der Familie Honnef auf dem Rheinbrohler Friedhof finden will, braucht beinahe so viel Entdeckergeist wie der vergessene Ingenieur. Es liegt versteckt hinter Sträuchern, und die Inschrift ist nur noch schwer entzifferbar.

Adresse Pfarrer-Volk-Straße 12, 56598 Rheinbrohl | Anfahrt von der B 42 auf die L 87 Richtung Rheinbrohl, im Kreisverkehr in Hauptstraße, rechts in Pfarrer-Volk-Straße, links in Blitzerstraße und an ihrem Ende wieder links in Pfarrer-Volk-Straße | Tipp Zwei Kilometer entfernt, an der L 87, liegt der Beginn des Obergermanisch-Raetischen Limes. Besonders sehenswert ist der aus römischen Bruchsteinen rekonstruierte Wachturm Nummer I.

98__Die Ostfahrzeug-Sammlung

Ostalgie am Rhein

»Begleiter« oder »Weggefährte« bedeutet der Name Trabant, der im Rahmen einer Umfrage gefunden wurde. Für manchen DDR-Bürger war er genau das, ein treuer Weggefährte. Mit dem Mauerfall kamen die Trabis auch in den Westen und wurden zum Symbol der Freiheit.

Der gebürtige Wittenberger Steffen Hennig jedenfalls ist dem Trabant verfallen – und nicht nur ihm. Wenn man auf den umgebauten Güterschuppen gegenüber dem Bahnhof Rheinbrohl zugeht, erblickt man den Checkpoint Charlie samt Schranke. Daneben wird die weiß gekalkte Berliner Mauer von einem gelben Trabi durchbrochen. Hennigs Gelände ist ein Eldorado für jeden, der sich für die Fahrzeugproduktion in der DDR interessiert. Denn neben Trabis befinden sich unter seinen Schätzen diverse Wartburgs, Kleintransporter der Reihe Barkas und sogar ein mächtiger Traktor mit dem großspurigen Namen Fortschritt.

Hennig sprudelt vor lauter Geschichten und kann zu jedem seiner Sammlerstücke faszinierende Anekdoten erzählen. Er wohnt im ehemaligen Büro des Güterschuppens, in der Halle dahinter stehen die Ostfahrzeuge dicht an dicht. Eines der vielen Highlights ist ein Trabant Tramp, ein sogenannter Kübel mit Allwetterverdeck. Hennigs Exemplar ist der fünftletzte Kübel, der vom Band lief. Sein Wohnzimmer ist Teil des Gesamtkunstwerks. Gegenüber dem Sofa fährt rechts ein Trabi in die Wand hinein, links kommt er wieder heraus, die Frontscheibe wird durch einen Flachbildschirm ersetzt. Im ehemaligen Kinderzimmer bewahrt Hennig neben Uniformen und alten Küchengeräten auch DDR-Ausweise, Kinderspielzeug, Fahnen und Banner auf – alles unter den gestrengen Augen Erich Honeckers. Unermüdlich sammelt Steffen Hennig weiter und sorgt dafür, dass man lediglich nach Rheinbrohl fahren muss, um DDR-Luft direkt am Rhein schnuppern zu können.

Adresse Hilgersstraße 14c, 56598 Rheinbrohl | Anfahrt am Ortsende von Rheinbrohl von der B 42 in Hauptstraße, links in Fährstraße und direkt hinter der Eisenbahnunterführung links in Hilgersstraße | Öffnungszeiten Besichtigung nach Absprache mit Steffen Hennig, Tel. 0160/97451840 | Tipp Der Bahnhof Rheinbrohl in der Hauptstraße 1 ist ein Bau im Stil der Reformarchitektur vom Beginn des 20. Jahrhunderts.

99 Das Weinfest

Austern und Pinot

Römerberg und Monte Jup heißen die Rheinbrohler Weinlagen oberhalb des Orts, die heute vom traditionsreichen Hammersteiner Weingut Scheidgen bewirtschaftet werden. Der selbst für Weinberge außergewöhnliche Name Monte Jup geht übrigens darauf zurück, dass es auf dem Hungerberg einst ein Jupiterheiligtum gegeben haben soll. In Rheinbrohl selbst gibt es inzwischen allerdings kein Weingut mehr. Dafür aber ein Weinfest, nämlich das römische Weinfest am *Caput Limitis*, dem nördlichen Kopf des Limes.

An Weinfesten herrscht am Mittelrhein wahrlich kein Mangel. Es gibt große, mehrtägige Veranstaltungen in den Weinzentren Boppard, Oberwesel und Bacharach, aber auch in vielen kleineren Weindörfern entlang des Flusses.

Eines der letzten Weinfeste des Jahres im Anbaugebiet Mittelrhein findet in Rheinbrohl statt. Man kann dann auf dem Römerplatz nicht nur die römischen Wandmalereien und den stilisierten Limes-Wachturm bewundern, sondern auch an verschiedenen Ständen Wein verkosten. Dazu gibt es an allen vier Tagen Livemusik und eine Tanzbühne.

Die französische Gemeinde Bourcefranc-le-Chapus ist seit 1965 Partnerstadt von Rheinbrohl. Sie liegt in der Region Nouvelle-Aquitaine an der Mündung des Flusses Seudre. Die Gegend ist bekannt für ihre schmackhaften Austern direkt aus dem Atlantik. Nun ist Bourcefranc-le-Chapus von Rheinbrohl aus gesehen nicht gerade um die Ecke, sondern gute 1.000 Kilometer entfernt. Trotzdem lassen die französischen Freunde es sich nicht nehmen, ihre rheinische Partnerstadt alljährlich mit fangfrischen Austern zu versorgen. Und so ist es schon etwas Besonderes, wenn man auf einem der letzten Mittelrhein-Weinfeste des Jahres steht, Burgunder oder Riesling trinkt und dazu frische Austern aus dem Atlantik schlürft. Schließlich stößt man dabei nicht nur auf den neuen Jahrgang an, sondern auch auf die deutsch-französische Freundschaft.

Adresse Hauptstraße 21, 56598 Rheinbrohl | Anfahrt von der B 42 auf die L 78, im Kreisverkehr links in Hauptstraße und der Straße folgen | Tipp Fahren Sie zurück auf die B 42 und folgen Sie der Ausschilderung zum modernen Erlebnismuseum Römerwelt am *Caput Limitis*.

100 Der Scharfe Turm

Gefängnis für Hexen und Politiker

Ein hellgraues Ungetüm ist der Scharfe Turm direkt am Rhein, der den effektvollen Abschluss der Stadtmauer bildet. Dass der steinerne Zylinder, der auch Hexenturm genannt wird, so viele Geschichten zu erzählen hat, sieht man ihm nicht an. Gebaut zwischen 1396 und 1418, hatte er wahrscheinlich einen Vorläufer in Gestalt des Bergfrieds der ehemaligen Wackelburg. Die kurfürstliche Burg lag zwischen dem heutigen Deutschen Haus und dem Hotel Königsstuhl. Die Lage des Turms ist perfekt gewählt, kann man doch von der obersten Plattform aus den Schiffsverkehr zwischen Braubach und Lahnstein hervorragend überblicken. So konnte man den Zoll erheben und zahlungsunwillige Kunden gleich vor Ort inhaftieren. Im Keller des Turms befand sich ein Kerker, den man nur durch eine enge Luke, das sogenannte Angstloch, erreichen konnte.

Das 16. und 17. Jahrhundert war in Rhens die Zeit der Hexenverfolgung. Drei Verfolgungswellen gab es, in deren Verlauf 23 Frauen und drei Männer wegen angeblicher Zauberei hingerichtet wurden. Angestoßen wurden die Prozesse von der lokalen Politik – der Landesherr musste sie genehmigen. Die Anschuldigungen kamen aus der Mitte der Bevölkerung. Die angeblichen Hexen und Hexenmeister wurden einem »hochnotpeinlichen Verhör« unterzogen. Anschließend hat man sie auf dem Richtplatz oberhalb der alten Kirche hingerichtet. Aus den Hexenprozessakten kennen wir die Schicksale der Opfer. So wollte sich zum Beispiel Christine May der Folter entziehen, sprang aus einem der Fenster des Turms und überlebte den Sprung nur knapp. Einige 100 Meter weit konnte sie fliehen, bevor sie gefasst und schlussendlich verurteilt wurde.

Auch nach der dunklen Zeit der Hexenprozesse wurde der Turm noch lange als Gefängnis genutzt. Einmal sogar, im Jahr 1795, für den gesamten Stadtrat. Er hatte sich geweigert, den Weisungen der französischen Besatzer Folge zu leisten.

Adresse Am Rhein, 56321 Rhens | Anfahrt von der B 9 auf Koblenzer Straße, links auf Josefstraße, rechts auf Am Rhein | Öffnungszeiten Die Mitglieder der Kaiser Ruprecht Bruderschaft öffnen den Turm an manchen Sonntagen von 10–17 Uhr. Infos: kaiser-ruprecht-bruderschaft.de | Tipp Am Rhein 3 befindet sich das Deutsche Haus, direkt neben dem Rheintor. Napoleon soll auf der Flucht vor den alliierten Truppen hier eingekehrt sein, während Blücher den Rhein überquerte.

101 Der Picknickplatz

Wo Winzerträume wahr werden

Der Bopparder Hamm ist nicht nur eine der eindrucksvollsten Weinlagen des Mittelrheintals, sondern auch ein Wanderparadies. Man kann den Weinberg auf den geteerten Wirtschaftswegen erkunden. Oder auf dem Kulturwanderweg, der von Brey über Spay bis auf den Jakobsberg führt. Perfekter Ausgangspunkt ist das Weingut Weingart, oberhalb von Spay inmitten der Weinberge gelegen.

Nicht jeder, der sein Auto auf dem Wanderparkplatz abstellt, wird das ungewöhnliche Ensemble sofort als Weingut erkennen. Oben thront das Wohnhaus der Winzerfamilie, hoch und schmal und ganz in braunem Holz gchalten. Direkt am Ellingsweg, einer alten Römerstraße, steht ein hölzerner Wagen, hinter dem sich ein waschechtes Tiny House verbirgt. Dort kann man Weingarts Weine ganz in Ruhe probieren. Und das Beste ist: Man kann im Verkostungswagen Wein und Gläser für eine Probe auf dem Picknickplatz erwerben.

Der Platz liegt oberhalb des Verkostungswagens auf dem grünen Dach des Weinkellers. Dieser Keller hat wenig mit den schummrigen Gewölben traditioneller Weingüter zu tun. Er ist rund, ebenerdig zugänglich, optimal in den Hügel eingepasst und von mehr als eineinhalb Metern Erde bedeckt. Die Familie Weingart hat sich den Traum eines Weinguts mitten in der Natur verwirklicht. Fast 20 Jahre hat es von der Idee bis zur Fertigstellung im Jahr 2019 gedauert. Auf dem Weg dahin wurde das Paar vielfach belächelt und musste unzählige planerische wie bürokratische Hürden überwinden. Das Ergebnis aber lohnt alle Mühen.

Heute kann man vor oder nach der Wanderung an hölzernen Tischen zusammensitzen, es sich auf einer Liege bequem machen und Wein sowie eine selbst mitgebrachte Vesper genießen. Jedermann darf so an dem Winzertraum teilhaben, der in Spay Wirklichkeit geworden ist. Besonders zu empfehlen mit dem Blick auf die beeindruckenden Sonnenuntergänge über dem Rhein.

Adresse Peterspay 1, 56322 Spay | Anfahrt von der B 9 in Mainzer Straße, bis zur Hausnummer 31, dann der Beschilderung auf dem asphaltierten Wirtschaftsweg zum Weingut folgen | Öffnungszeiten Verkostungen Mo–Fr 14–18.30 Uhr und Sa 11–18.30 Uhr, Infos: weingut-weingart.de | Tipp Ein weiteres Spitzenweingut findet man in der Mainzer Straße 45 in Spay: Matthias Müller. Die moderne Vinothek ist ein Highlight am Mittelrhein.

102 Die Heiligenhäuschen

14 Helfer in der Not

»Herrlich braust der Rhein um Bacharach. Es scheint, als liebe und wahre er stolz seine Altstadt. Man möchte ihm zurufen: Gut gebrüllt, Löwe! Auf Weite eines Armbrust-Schusses verfängt und windet er sich in einem Felsentrichter und ahmt Schaum und Gebrause des Ozeans nach. Diese böse Stelle heißt ›das wilde Gefährt‹. Es sieht schreckhafter aus, ist aber weniger gefährlich als ›die Bank‹ bei St. Goar«, schrieb Victor Hugo auf seiner Rheinreise.

Die Untiefen des Rheins waren fester Bestandteil der Rheinromantik und einst eine große Gefahr für die Schifffahrt, die inzwischen weitgehend gebannt ist. Trotzdem kommt es immer noch zu Havarien im Rhein. Besonders gefürchtet war der Abschnitt von Oberwesel nach St. Goar, auf den auch Hugo Bezug nimmt.

Wenn man nicht per Schiff, sondern mit dem Auto unterwegs ist, passiert man, auf der Bundesstraße 9 aus St. Goar kommend, kurz vor dem Betteckturnel 14 aus Backsteinen gemauerte Häuschen am Bahndamm, die man leicht übersehen kann. Von einem spitzen grauen Blechdach sind sie gekrönt und heben sich unter dem Betteckfelsen wie filigrane Säulchen vom Bahndamm ab. Stilisierte Heiligenhäuschen sind sie, denn die Figuren, die man normalerweise im Innern finden würde, sucht man hier vergebens. Erbaut wurden sie, um die Schiffer vor Unglücken im Rhein zu bewahren.

Die 14 Nothelfer sind 14 Heilige aus dem 2. bis 4. Jahrhundert, die in der katholischen Kirche als Schutzheilige angerufen werden. Drei weibliche und elf männliche gehören dazu. Alle, bis auf den heiligen Ägidius, starben den Märtyrertod. Gewirkt haben die Heiligenhäuschen bis heute hoffentlich auch ohne figürliche Darstellungen, denn der gute Katholik kann sie bestimmt alle aufzählen, von Achatius bis Vitus.

Pragmatischerweise und durchaus im Sinne der Nothelfer hat man die Häuschen früher oftmals genutzt, um darin Lebensmittelnotrationen für die Schiffer zu deponieren.

Adresse An der Loreley (B 9), 56329 St. Goar | Anfahrt an der B 9, beim Bettecktunnel | Tipp Machen Sie eine Pause in der Vinothek und dem Wein-Café des Weinguts Philipps Mühle (An der Loreley 1a), direkt gegenüber der Loreley.

103 Das Hotel Landsknecht

Battle of Wellmich

Heute ist das ehemalige Gasthaus zum Landsknecht ein modernes Hotel der Drei-Sterne-Superior-Kategorie mit angeschlossenem Restaurant und einem Wintergarten, der über dem Rhein zu schweben scheint. Dass man hier unter anderem eine Tankstelle und eine Kfz-Werkstatt betrieb, mag man nicht vermuten. Ebenso wenig, wie man etwas von den Dramen ahnt, die sich hier während des Zweiten Weltkriegs abgespielt haben.

Das Gasthaus wurde 1937 als Nachfolger des Casinos »Erholung« gebaut und verfügte von Anfang an über eine Tankstelle. In der Wirtschaftswunderzeit der 1950er Jahre wurde das Landsknecht um eine Kfz-Werkstatt und darüber hinaus um ein VW-Autohaus erweitert. In den 1980er Jahren wandelte sich das Landsknecht vom einstigen Ausflugstopp hin zur heutigen Familien- und Ferienhotellerie. Ende 1945 beschlagnahmten die Amerikaner das Landsknecht, um von der Panzerrampe aus mit Sturmbooten die SS-Truppen auf der anderen Rheinseite anzugreifen: die sogenannte »Battle of Wellmich«. Während dieser Schlacht wurde die Burg Maus stark beschädigt und auch das Landsknecht getroffen. Bei Niedrigwasser kann man heute noch die Einschlagtrichter im Flussbett des Rheins erkennen. Das Bahngleis bei Fellen war strategisch wichtig und deshalb umkämpft, weil die Bahnstrecke ins Saarland entlang der Nahe und ab Bingen durchs Rheintal die Kohleversorgung für das Ruhrgebiet sicherstellte. Dazu kam, dass sich am Landsknecht eine der wenigen Panzerrampen befand, die das Zuwasserlassen von Sturmbooten ermöglichte.

Aber lassen Sie sich von diesen Kriegsgeschichten nicht einschüchtern. Die Chefin des Weinhotels Landsknecht, Martina Lorenz, ist mit Joachim Lorenz verheiratet, der in Boppard gemeinsam mit seinem Bruder das Weingut Toni Lorenz betreibt. Deswegen können Sie heute gemütlich im Wintergarten sitzen und mit einem Glas Wein vom Bopparder Hamm auf den Frieden anstoßen.

Adresse Aussiedlung Landsknecht 4–6, 56329 St. Goar-Fellen | Anfahrt direkt an der B 9 bei St. Goar-Fellen | Öffnungszeiten Service 12–14.30 und 18–21 Uhr, Infos: hotel-landsknecht.de | Tipp Ein Ausflug durchs Heimbachtal nach Werlau. Das kleine Seitental entführt in einen sehr urwüchsigen Teil des Mittelrheins.

104 Das Prinzensteiner Fahrwasser

Mini-Wasserkraftwerke im Rhein

Lange wurde die Wasserkraft an den vielen kleinen Zuflüssen des Rheins als Energiequelle genutzt. Die meisten Mühlen entlang der Bäche sind inzwischen stillgelegt, und somit ist diese regenerative Energiequelle eher in Vergessenheit geraten. Anders im Rhein selbst. Am Oberrhein zwischen Basel und Karlsruhe arbeiten zehn große Wasserkraftwerke, rheinabwärts aber wird der Fluss nicht zur Energiegewinnung verwendet. Das soll sich ändern, wenn es nach einigen engagierten Unternehmern geht.

Das Ehrentaler Werth ist eine unbewohnte schmale Rheininsel. Für die Schifffahrt ist der Verkehr links am Werth vorbei gesperrt, weil die Strömung zu stark ist. In diesem Bereich des Rheins, dem ehemaligen Prinzensteiner Fahrwasser, wechselt deshalb der Schiffsverkehr von Rechts- auf Linksverkehr. Wenn Sie sich näher an die Uferböschung heranwagen und bei Rheinkilometer 560 zwischen den Bäumen hindurchschauen, sehen Sie futuristische Gebilde im Wasser liegen. Das sind Minikraftwerke, die von der österreichischen Firma Aqua Libre entwickelt und produziert werden.

Die Strom-Bojen verfügen über einen zweiflügeligen Rotor mit einem getriebelosen Stromgenerator und sind mit einer Kette im Flussgrund verankert. In der Donau wurde die Strom-Boje bereits erfolgreich getestet, im Mittelrhein erfolgt der erste Einsatz außerhalb Österreichs.

Um sicherzustellen, dass durch die neuartigen Bojen die Rheinfische nicht gefährdet werden, wurde ein umfangreiches Monitoring durchgeführt. Insgesamt 16 Bojen sollen im Prinzensteiner Fahrwasser verankert werden. Die Strommenge, die sie sehr zuverlässig erzeugen werden, entspricht der eines Windrads. Wir reden also nicht über den ganz großen Schritt, aber über einen wichtigen und innovativen Beitrag zum Energiemix.

Adresse Bundesstraße 9, Rheinkilometer 560, 56329 St. Goar-Fellen | Anfahrt An der B 9 vor Fellen gibt es einige Gelegenheiten, zu parken und hinter der Leitplanke zum Ehrentaler Werth zu schauen. | Tipp Der nächste Ort an der B 9 ist Hirzenach. Der barocke Propsteigarten (Rheinstraße 65, Boppard-Hirzenach) lohnt den Besuch.

105 Die Siedlungshäuser

Das Glück gleich nebenan

In Reih und Glied stehen die kleinen Häuser mit ihren weit heruntergezogenen Schieferdächern entlang der alten Heerstraße im St. Goarer Stadtteil Fellen. Direkt hinter dem Ortsschild steht ein Grubenhunt mit Informationstafel zum ehemaligen Bergbau. Daher also weht der Wind, denkt man sofort, ist doch die Geschichte Fellens untrennbar mit der Erzgrube Gute Hoffnung verbunden.

Im Jahr 1872 wurde in der Nähe der Grube ein Casino mit dem Namen »Erholung« errichtet. Die Arbeiter hatten in der Grube Gute Hoffnung einen sicheren und vergleichsweise gut bezahlten Arbeitsplatz. Deshalb ist es natürlich bezeichnend, dass ausgerechnet ein Casino das erste Haus in Fellen war. Erst 1936 wurde die Umgehungsstraße, die heutige B 9, gebaut. Zu diesem Zeitpunkt war das Casino bereits um ein Gasthaus und eine Tankstelle erweitert worden. Da die alte Heerstraße ihre Bedeutung als Durchgangsstraße verloren hatte, wurde das Gasthaus verlegt und unten am Rhein als das heutige Hotel Landsknecht neu eröffnet.

Nach dem Konkurs 1913 wurde die Grube Gute Hoffnung durch die Stolberger Zink AG neu eröffnet. Die 1930er Jahre waren eine Blütezeit der Erzförderung in der Grube. 1937 wurde die Grube auf Wellmich ausgedehnt. Zur Unterbringung der Arbeiter und Angestellten wurde 1937/38 vom Reichsheimstättenamt eine Werkssiedlung mit 16 Häusern errichtet. Nach dem Zweiten Weltkrieg arbeitete die Grube Hoffnung konkurrenzfähig. Fast 200 Arbeiter waren beschäftigt, bis zu 40.000 Tonnen Erz wurden gefördert. Ende der 1960er Jahre fielen die Blei- und Zinkpreise auf dem Weltmarkt, wodurch die Grube Gute Hoffnung nicht mehr konkurrenzfähig war. 1961 wurde der Betrieb endgültig eingestellt. Einige der Siedlungshäuser, die an das kleine private Glück der gut verdienenden Grubenarbeiter erinnern, stehen immer noch an der Heerstraße. Und glücklicherweise sind sie immer noch bewohnt.

Adresse Alte Heerstraße, 56329 St. Goar-Fellen | **Anfahrt** von der B 9 auf An der Heimbach, über die B 9 und rechts oder links auf Alte Heerstraße | **Tipp** Ein Stückchen weiter südlich an der B 9 liegt der Yachthafen St. Goar mit der Stele »Oberes Mittelrheintal«.

106 Die Stützmauer

Rasenhängebank und Rheintunnel

Folgt man vom Wanderparkplatz am Waldrand oberhalb von Werlau den blauen Bergbau-Zeichen, erblickt man zwischen den Bäumen bald eine graue Betonwand, die einen Hügel abstützt. Wüsste man es nicht besser, würde man einen Bunker aus dem Zweiten Weltkrieg vermuten. Der mit Schiefer gefüllte rostige Grubenhunt allerdings, der ein paar Meter davor effektvoll drapiert wurde, spricht eine andere Sprache.

Die Betonmauer gehört zum Werlauer Schacht der ehemaligen Grube Gute Hoffnung. Die Grube baute Blei und Zink aus einem Gangzug ab, der mehr als 20 Kilometer lang und zwei Kilometer breit war und sich unter dem Rhein hindurch vom Hunsrück zum Taunus zog. Dementsprechend wurde auf beiden Rheinseiten sowie unter dem Fluss abgebaut. Als die linksrheinische Grube 1562 erstmals erwähnt wurde, wurde sie bereits als »uralt« bezeichnet. Schließlich haben schon die Römer am Mittelrhein Erz abgebaut.

Der Hüttenbetrieb der Grube Gute Hoffnung wurde Mitte des 18. Jahrhunderts aufgenommen und 1961 eingestellt. Wenn man sich die betongraue Stützmauer genauer anschaut, kann man den Schriftzug »Adolf-Hitler-Schacht« noch lesen, der nur notdürftig unkenntlich gemacht wurde. 1936 wurde das Bauwerk errichtet und später in »Werlauer Schacht« umbenannt. Die Mauer stützt eine sogenannte Rasenhängebank ab. So nennt man in der Bergmannssprache ein Fördergebäude über Tage, das jedoch kein Turm, sondern ein ebenerdiges Bauwerk ist.

Besonders an der Grube Gute Hoffnung war, dass sie rechtsrheinische und linksrheinische Eingänge hatte, die durch einen Stollen unter dem Rhein miteinander verbunden waren. Heute findet man in den Wäldern Zeugnisse des Bergbaus, wie Mundlöcher, Abraumhalden oder einen Pulverturm. Die Schächte sind gesperrt, der Rheinstollen geflutet. Unter dem Rhein spazieren zu gehen bleibt also eine schöne Vorstellung, die sich aktuell nicht realisieren lässt.

Adresse Rheingoldstraße, 56329 St. Goar-Werlau | **Anfahrt** in St. Goar von der B 9 auf die L 213 Richtung Werlau und der Rheingoldstraße folgen, vom Wanderparkplatz am Waldrand rechts in den Wald | **Tipp** Wenn die Jahreszeit es erlaubt, ist ein Abstecher zum Rheingoldbad zu empfehlen (Aussiedlung Rheingoldbad, St. Goar). Die Beheizung erfolgt solarthermisch, für Erwachsene gibt es das 25-Meter-Becken und für die Kinder ein Planschbecken mit Sonnensegel.

107 Das Well-Weivches-Loch

Höhlenspuk

Für manche ist der Weg durch die Pulsbachklamm ein bloßer Zubringer zum Rheinsteig zwischen Kestert und St. Goarshausen – dabei ist er doch so viel mehr. Fast gemütlich plätschert der kleine Bach die Schlucht hinunter. Der Weg am Rand des Bachs ist eng, aber gut begehbar. Ab und an führt eine Holzbrücke über das Wasser. Das alles überwuchert von üppigem Grün aus Farnen und Moosen. Wer die Klamm hinauf- oder hinunterwandert, erlebt Natur pur. Und zum Glück ist sie bei Weitem nicht so touristisch überlaufen wie andere Schluchten im Mittelrheintal.

Nach einer kurzen Wanderung erreicht man einen spitzen Felsen, in dem hoch oben ein dunkles Loch klafft. Darin steht eindrucksvoll platziert die weiß leuchtende Figur der Madonna mit Kind im Arm. Wir haben das Well-Weivches-Loch erreicht, eine Höhle, um die sich allerlei Geschichten ranken. Die Madonnenstatue hat einst der Kesterter Karl Deisler auf einem Betonsockel installiert. Wenn sie schon mal von Vandalen entwendet wird, kümmern sich die Kesterter um Ersatz.

Wenn wir vor der Höhle stehen bleiben, gehen wir gedanklich zurück zum Dreißigjährigen Krieg. Die Sage von »Dat welle Weivche«, was auf Hochdeutsch so viel wie »Das wilde Weibchen« heißt, hat uns der Pfarrer Wilhelm Reuter unter seinem Pseudonym Fritz von Nassau überliefert. Die Kesterter versteckten sich im Dreißigjährigen Krieg vor den Schweden in der Höhle in der Pulsbachklamm. Eine Wirtshaustochter aus dem Ort heiratete lieber einen schwedischen Soldaten, als sich in der Klamm zu verstecken, und verriet dem Feind zu allem Überfluss das Versteck in der Höhle. Doch der Soldat ließ sie mitsamt Kind sitzen. Die Kesterter verstießen die Frau nach dem Krieg aus dem Dorf, und sie fand in der Höhle Unterschlupf. Man sagt, sie spuke noch immer herum. Wundern Sie sich also nicht, wenn Ihnen in der Pulsbachklamm eine verwilderte und zerlumpte Frau begegnet.

Adresse Rheinstraße (B 42), 56348 Kestert | Anfahrt Parken an der B 42 auf dem Parkplatz Pulsbachklamm zwischen Kestert und Ehrenthal. Der Weg in die Klamm ist ausgeschildert. | Tipp Wenn man nach Ehrenthal fährt, kann man eine weitere Wanderung machen, nämlich auf dem Bergbaupfad Wellmich-Prath-Ehrenthal. Gleich hinter den Eisenbahngleisen führt der Weg bergauf.

108 Die Freiheitswutz

Endlich die Sau rauslassen

»Das ist ja ein Schwein«, entfuhr es der Fotografin, als sie die Kamera ansetzte, um die Freiheitswutz abzulichten. Und richtig, die Wutz ist ein auf dem Kopf stehendes Schwein aus Bronze, das auf einer Metallsäule balanciert. Wer genauer hinschaut, erkennt, dass es mit seinem Ringelschwänzchen eine Freiheitsfackel hochhält.

Auf dem kleinen Platz am östlichen Ortsrand dreht sich alles um die Wutz. Man kann auf Bänken im Schatten von Kastanienbäumen rund um das Schwein sitzen und sich auf einer Tafel über den Hintergrund der Wutz informieren. Man hat sich sogar die Mühe gemacht, den hässlichen Stromkasten, der hinter der Skulptur steht, in einer Art kleinem Labyrinth aus einer Hainbuchenhecke zu verstecken. Was man hier so humorvoll und mit Augenzwinkern zelebriert, ist die Freiheit Urbars.

Nach dem Zweiten Weltkrieg war die 700-Seelen-Gemeinde selbstständig. Gegen starken Widerstand aus Teilen der Bevölkerung schloss man sich 1973 der Gemeinde Oberwesel an. Diesen »Irrtum« korrigierte man im Jahr 1999, als Urbar wieder eine selbstständige Ortsgemeinde wurde. Das Ereignis war dem Dorf die Skulptur wert, die von dem einheimischen Künstler Willy Heinzen gestaltet wurde. Heinzen hat auch andere Kunstwerke in der Region geschaffen, zum Beispiel ein farbenfrohes Relief am Andernacher Bertha-von-Suttner-Gymnasium oder Objekte im Oberweseler Skulpturenpark. Wie aber lässt sich die Wutz zutreffend künstlerisch interpretieren?

Dafür gibt es eine Reihe von Ansätzen: Schutzpatron Urbars ist der heilige Antonius, und nach ihm ist auch die Straße benannt, an der der Platz liegt. Der ägyptische Einsiedler aus dem 4. Jahrhundert hatte häufig ein kleines Schwein an seiner Seite. Natürlich haben die Urbarer auch Schwein gehabt, dass sie jetzt wieder selbstständig sind. Und deshalb können sie an den tollen Tagen, Kerb und Fassenacht, so richtig die Sau rauslassen.

Adresse St.-Antonius-Straße, Ecke Am Taunusblick, 55430 Urbar | Anfahrt von der B 9 in St. Goar auf Heerstraße, rechts auf Schlossberg, der Straße folgen, die zur Pfalzfelder Straße wird, dann links auf Urbarer Straße, links auf K 95/Rheingoldstraße, links in Loreleystraße, rechts auf Am Taunusblick | Tipp Der Landschaftspark Loreleyblick Maria Ruh mit herrlicher Aussicht auf die Loreley ist über die Loreleystraße schnell zu erreichen.

109 Der optische Telegraf

Paris calling

Wenn man auf den Spitzenstein hinaufsteigt, erwarten einen auf der Anhöhe so viele Eindrücke, dass man gar nicht weiß, wo man zuerst hinschauen soll. Da ist der Aussichtsturm, der alles überragt. Dann eine Schutzhütte, eine beeindruckende Felsformation und nicht zuletzt ein niedriger, runder Turm.

Die spitzen Steine haben dem Berg seinen Namen gegeben und faszinierten bereits die Rheinromantiker. Carl Haag hat sie auf einem Aquarell festgehalten. Der Turm aber wurde von Napoleon errichtet. Auf ihm befand sich einst ein Telegraf. Was heute vorsintflutlich und technisch banal klingt, war Ende des 19. Jahrhunderts eine revolutionäre Entwicklung.

Der Franzose Claude Chappe hatte den Flügeltelegrafen, auch Semaphor genannt, erfunden. Mit ihm übermittelte man Zeichen mit Hilfe von Signalarmen auf einem hohen Mast. Das U-förmige System bestand aus zwei schwenkbaren Querbalken, die an jedem Ende zwei schwenkbare Balken trugen. Die Türme, zwischen denen die Signale übermittelt wurden, waren in Entfernungen von neun bis zwölf Kilometern voneinander aufgestellt, sodass man die Signale vom nächsten Turm aus mit einem Fernrohr erkennen konnte. An jeder Station arbeiteten zwei Telegrafisten, die die Nachricht ablasen und durch die Einstellung ihres Flügeltelegrafen an die nächste Station weitergaben.

Napoleon Bonaparte nutzte dieses System zur militärischen Kommunikation innerhalb Frankreichs und bis in die Rheinprovinzen. Für die Übertragung einer Nachricht von Paris nach Lille brauchte man mittels 22 Stationen weniger als eine Stunde. Wenn Sie nicht zu schwindelgefährdet sind, steigen Sie auf den Aussichtsturm mit dem Nachbau eines Flügeltelegrafen und genießen Sie den einmaligen Blick von dort oben. Belohnt werden Sie mit einer Tafel, die die Chappe'schen Telegrafiesymbole erklärt. So steigen Sie schlauer hinab, als Sie heraufgekommen sind.

Adresse Lönsstraße, 55430 Urbar | Anfahrt In St. Goar von der B 9 auf Heerstraße, rechts auf Schlossberg, weiter in Pfalzfelder Straße. Hinter dem Wanderparkplatz Drei Buchen links, die nächste Straße links bis zum Wanderparkplatz unterhalb des Spitzen Steins. Der ausgeschilderte Wanderweg führt nach oben. | Tipp Wenn man auf der Lönsstraße zurück Richtung Urbar fährt, findet man vor dem Sportplatz ein kleines Lavendellabyrinth.

110__The Little Britain Inn

Very British

Eine Unmenge britischer Fahnen weht an der Bahnhofstraße von Vettelschoß, die typischen roten Telefonzellen stehen herum, dazwischen stehen und sitzen britische Berühmtheiten. Der Eingang zum Gasthaus wird von »Guards« bewacht. Was ist hier los?

Vor rund 35 Jahren zog der Engländer Gary Blackburn nach Deutschland und gründete den Baumdienst Siebengebirge. Das Unternehmen bietet Dienstleistungen an, die von Baumpflege und Baumsanierung bis hin zu schwierigen Baumfällungen und der Baumstumpf-Fräsung reichen. Mittlerweile leitet er das Unternehmen gemeinsam mit seinen Söhnen Kevin und Luke. Auch wenn Gary inzwischen im Siebengebirge verwurzelt ist, ist die Liebe zu seiner Heimat Großbritannien nie erloschen. Der Brexit schließlich gab den Anstoß, mit dem Hotel »Little Britain Inn« ein originelles »Kleines Vereinigtes Königreich« zu schaffen. Im Hotelbetrieb haben die drei Frauen das Sagen. Ursprünglich befanden sich Hotel und Ausstellung in Kretzhaus, nach einem jahrelangen Streit mit der Gemeinde wurde es ins benachbarte Vettelschoß verlegt. Während des Umzugs wurde ein demilitarisierter Centurion-Panzer berühmt, der von der Künstlerin AndyMo in den Farben des Union Jack rot, weiß und blau lackiert wurde.

Nun steht der Panzer, der nie einen Krieg gesehen hat, als Friedenssymbol zwischen Doppeldeckerbussen auf dem Hof. Das Ensemble ist eine Fundgrube der Kuriositäten. Man kann Lord Nelson, Charlie Chaplin oder Mr. Bean treffen. Unter den von AndyMo gestalteten Hotelzimmern finden sich ein Scottish Room, ein Queens Room und ein Harry Potter Room. Sie können sich an einem original englischen Frühstücksbuffet satt essen oder stilvoll den »Afternoon Tea« einnehmen. Wenn Sie etwas Ruhe vom Trubel brauchen, suchen Sie sich eine Bank im gepflegten »Secret Garden«. Eines ist sicher: *very British* geht es zu im kleinen Vereinigten Königreich zu Vettelschoß.

Adresse Bahnhofstraße 14, 53560 Vettelschoß-Kalenborn | Anfahrt von der A3 Ausfahrt Richtung Linz nehmen, links in Rottblitzer Straße, der Straße folgen, bis links die Bahnhofstraße abzweigt | Öffnungszeiten Sommerzeit–Sept. Mi 12–17 Uhr, sonst Fr, Sa 8–22 Uhr, So 8–20 Uhr. Infos: thelittlebritaininn.com | Tipp Nehmen Sie am Bahnhof die Kasbachtalbahn und fahren Sie mit dem roten Schienenbus nach Linz, vielleicht mit einem Zwischenstopp an der Alten Brauerei.

111 Die Steckeschlääfer-klamm

Entschleunigung zwischen Baumgeistern

Dass in Bäumen Geister leben, ist eine uralte mythische Vorstellung. Die Griechen etwa kannten Dryaden oder Hamadryaden, die als Baumgeister beschrieben wurden und zu den Nymphen gehörten. Sie beseelten die Bäume und rückten sie damit in die Nähe von Menschen und Göttern. Nach der Christianisierung wollte man diesem Glauben ein Ende bereiten. So war es etwa unter Karl dem Großen verboten, Votivgaben an Bäumen zu opfern. Im Binger Stadtwald aber hat man die Baumgeister wieder zum Leben erweckt.

1971 bauten die Weilerer Wanderfreunde 15 kleine Holzstege in die knapp einen Kilometer lange Schlucht, durch die der Hasselbach fließt, und erschlossen sie damit für das Wandern. Franz Kellermeier hatte schließlich die Idee, Gesichter in die Bäume zu schnitzen. Wichtig war ihm, die Bäume nicht zu schädigen. Dem natürlichen Verlauf des Stamms folgend wurden gern auch bereits natürlich gewachsene Baum-Nasen und -Augen in die Motive eingearbeitet.

Da Bäume an den Spitzen und in die Breite wachsen, behalten die Kunstwerke über lange Zeit ihre Form und Position. Nur gegen Vandalismus und Witterung sind sie nicht gefeit, und so ist es den Wanderfreunden zu verdanken, dass die Schnitzwerke wieder in grellen Farben und phantasievollen Formen leuchten. Es macht jedenfalls einen Heidenspaß, durch die märchenhafte Welt der Waldgeister, Kobolde, Gnome, Zwerge und anderer Fabelwesen zu spazieren, sie an Wurzeln oder Stämmen zu entdecken, mal ganz groß und dann wieder winzig klein. Das hat dann auch gleich einen entschleunigenden Effekt, denn die mit viel Liebe zum Detail gestaltete Schlucht ist so schön, dass man sie gar nicht hektisch durchwandern kann.

65 Baumgeister sollen hier wohnen. Oder finden Sie mehr? Steckeschlääfer sind übrigens Wanderer, die ihre Stöcke über den Boden schleifen lassen. Das klingt doch wahrhaft entschleunigt.

Adresse Forsthaus Jägerhaus, Binger Wald, 55413 Weiler bei Bingen | Anfahrt von der A 61 Ausfahrt Richtung Waldalgesheim, auf L 214 fahren, im Kreisverkehr in Waldstraße, weiter auf K 5, geradeaus auf K 29 bis zum Wanderparkplatz | Tipp Der Erlebnispfad im Binger Wald (erlebnispfad-bingen.de) ist nur einen Kilometer von der Klamm entfernt (K 29 Richtung Weiler).

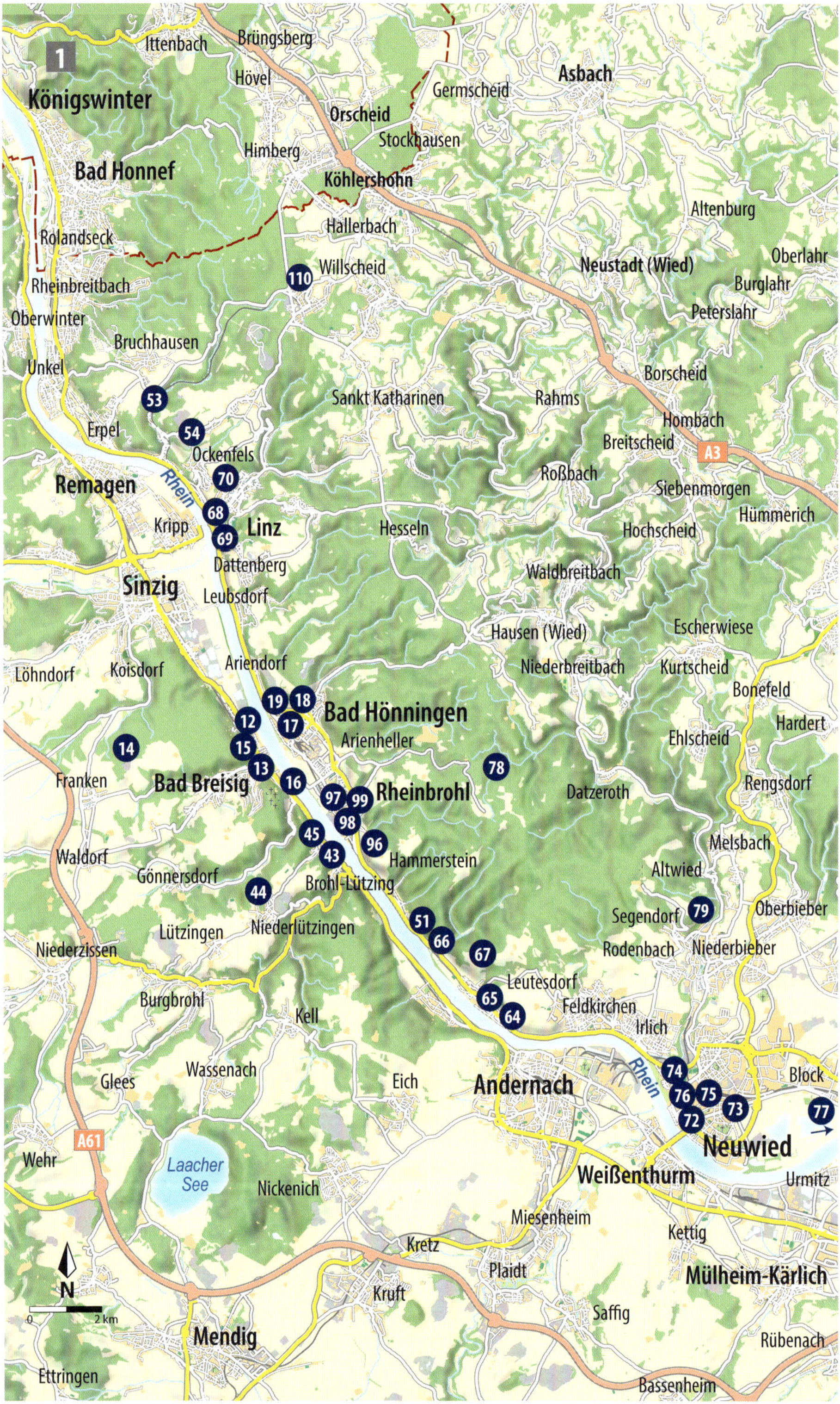
1
Ittenbach
Brüngsberg
Hövel
Asbach
Germscheid
Königswinter
Orscheid
Stockhausen
Himberg
Bad Honnef
Köhlershohn
Altenburg
Hallerbach
Rolandseck
Oberlahr
Neustadt (Wied)
Willscheid
110
Burglahr
Rheinbreitbach
Peterslahr
Oberwinter
Bruchhausen
Unkel
Borscheid
53
Sankt Katharinen
Rahms
Hombach
Erpel
54
Breitscheid
A3
Ockenfels
70
Roßbach
Siebenmorgen
Remagen
Rhein
68
Hümmerich
Kripp
Linz
Hesseln
Hochscheid
69
Dattenberg
Waldbreitbach
Sinzig
Leubsdorf
Escherwiese
Hausen (Wied)
Ariendorf
Niederbreitbach
Kurtscheid
Löhndorf
Koisdorf
Bonefeld
19
18
Bad Hönningen
12
17
Hardert
Ehlscheid
Arienheller
15
14
78
13
Franken
Bad Breisig
16
97
99
Rheinbrohl
Datzeroth
Rengsdorf
98
45
96
Melsbach
Waldorf
43
Hammerstein
Gönnersdorf
Altwied
Brohl-Lützing
44
79
Oberbieber
Segendorf
51
Lützingen
Niederlützingen
66
67
Rodenbach
Niederbieber
Niederzissen
Leutesdorf
Burgbrohl
65
Feldkirchen
Kell
64
Irlich
74
Block
Wassenach
Rhein
Glees
Eich
Andernach
76
75
73
72
77
A61
Neuwied
Wehr
Laacher See
Weißenthurm
Urmitz
Nickenich
Miesenheim
Kettig
Kretz
Plaidt
Mülheim-Kärlich
N
Kruft
0
2 km
Saffig
Mendig
Rübenach
Ettringen
Bassenheim

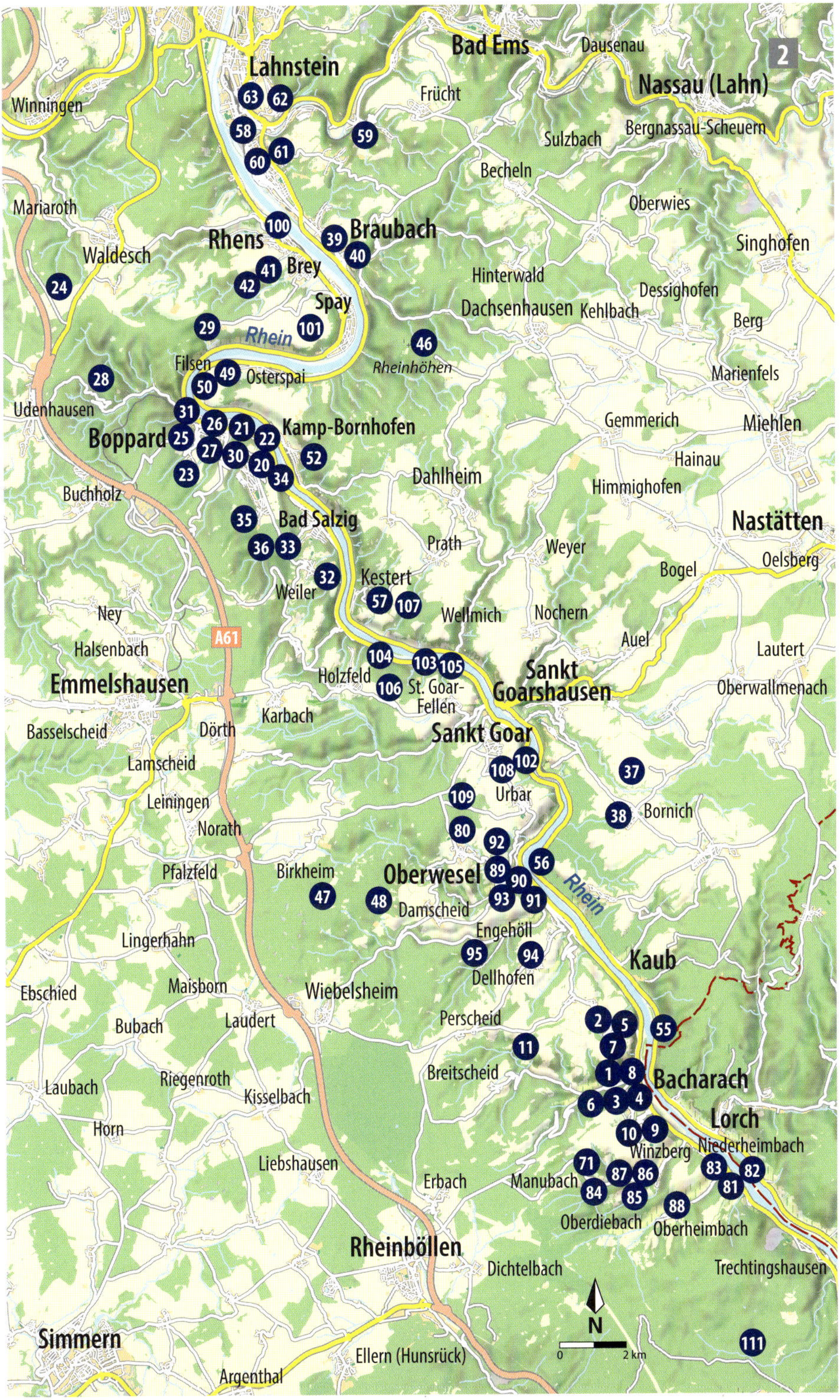

2
Lahnstein
Bad Ems
Dausenau
Nassau (Lahn)
Winningen
Frücht
Sulzbach
Bergnassau-Scheuern
Becheln
Mariaroth
Oberwies
Rhens
Braubach
Singhofen
Waldesch
Brey
Hinterwald
Spay
Dessighofen
Dachsenhausen
Kehlbach
Berg
Rhein
Filsen
Rheinhöhen
Osterspai
Marienfels
Udenhausen
Gemmerich
Miehlen
Boppard
Kamp-Bornhofen
Hainau
Dahlheim
Himmighofen
Buchholz
Bad Salzig
Nastätten
Prath
Weyer
Oelsberg
Bogel
Kestert
Weiler
Ney
Wellmich
Nochern
Auel
Halsenbach
A61
Lautert
Sankt Goarshausen
Emmelshausen
Holzfeld
St. Goar-Fellen
Oberwallmenach
Karbach
Basselscheid
Dörth
Sankt Goar
Lamscheid
Urbar
Leiningen
Bornich
Norath
Pfalzfeld
Birkheim
Oberwesel
Damscheid
Rhein
Engehöll
Lingerhahn
Kaub
Dellhofen
Ebschied
Maisborn
Wiebelsheim
Laudert
Perscheid
Bubach
Breitscheid
Bacharach
Laubach
Riegenroth
Kisselbach
Lorch
Horn
Winzberg
Niederheimbach
Liebshausen
Erbach
Manubach
Oberdiebach
Oberheimbach
Rheinböllen
Dichtelbach
Trechtingshausen
N
0
2 km
Simmern
Ellern (Hunsrück)
Argenthal
63 62 58 59 60 61 100 39 40 41 42 24 29 101 46 28 49 50 31 26 21 22 25 27 30 20 52 23 34 35 36 33 32 57 107 104 103 105 106 108 102 37 109 38 80 92 89 56 90 47 48 93 91 95 94 2 5 55 11 7 1 8 6 3 4 10 9 71 87 86 83 82 84 85 81 88 111

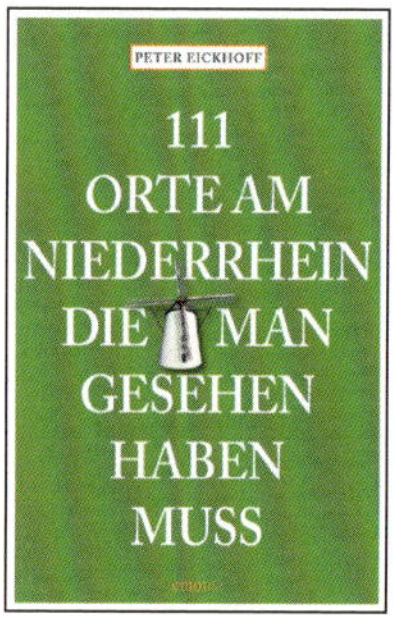

Peter Eickhoff
111 Orte am Niederrhein, die man gesehen haben muss
ISBN 978-3-7408-1802-9

Martin Nusch
111 Mal mit WDR 2 raus in den Westen
ISBN 978-3-7408-1962-0

Martin Nusch
111 Mal mit WDR 2 raus in den Westen, Band 2
ISBN 978-3-7408-1465-6

Dina Knorr
111 Orte im Sauerland, die man gesehen haben muss
ISBN 978-3-7408-1509-7

Paul Stänner
111 Orte im Münsterland, die man gesehen haben muss
ISBN 978-3-7408-1833-3

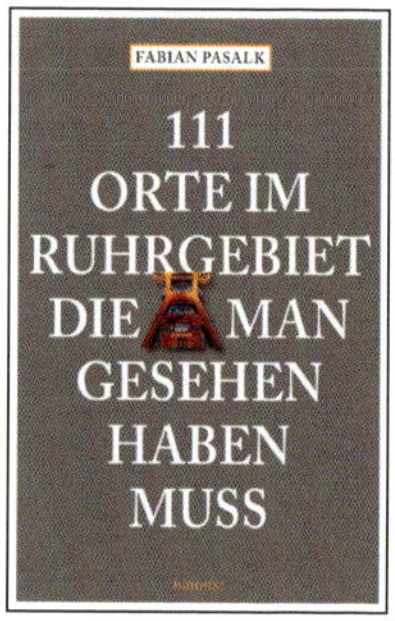

Fabian Pasalk
111 Orte im Ruhrgebiet die man gesehen haben muss
ISBN 978-3-7408-1853-1

Bernd Imgrund
111 Kölner Orte, die man gesehen haben muss, Band 2
ISBN 978-3-7408-1831-9

Fabian Pasalk
111 Orte in Wuppertal, die man gesehen haben muss
ISBN 978-3-7408-1854-8

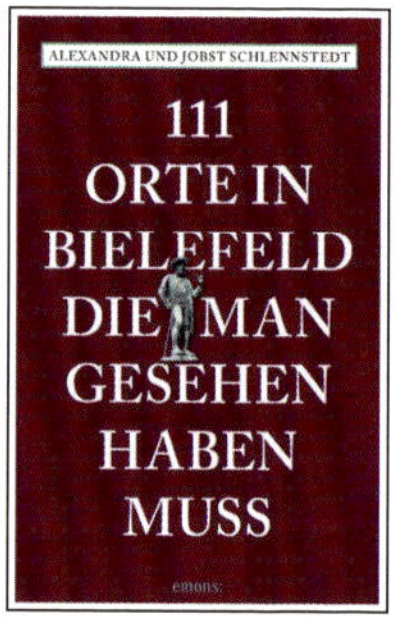

Alexandra Schlennstedt, Jobst Schlennstedt
111 Orte in Bielefeld, die man gesehen haben muss
ISBN 978-3-7408-1653-7

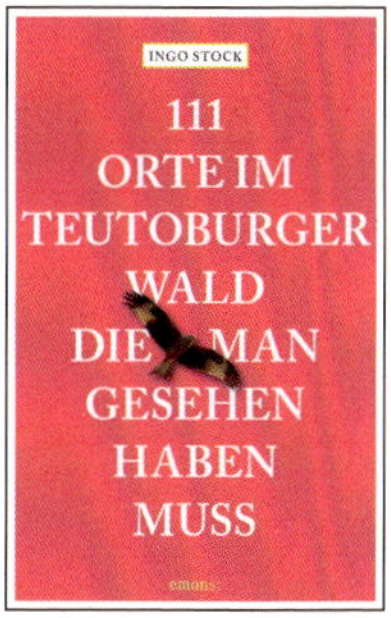

Ingo Stock
111 Orte im Teutoburger Wald, die man gesehen haben muss
ISBN 978-3-7408-1715-2

Bernd Imgrund
111 Orte in der Eifel, die man gesehen haben muss
ISBN 978-3-7408-1677-3

Alexandra Schlennstedt, Jobst Schlennstedt
111 Orte in Ostwestfalen-Lippe, die man gesehen haben muss
ISBN 978-3-7408-1648-3

Ralf Koss, Stefanie Kuhne
111 Orte im Bergischen Land, die man gesehen haben muss
ISBN 978-3-7408-1673-5

Eckhard Heck
111 Orte in Bonn, die man gesehen haben muss
ISBN 978-3-7408-1418-2

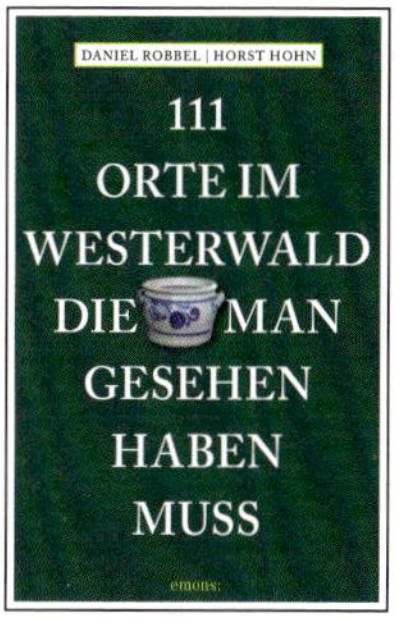

Daniel Robbel, Horst Hohn
111 Orte im Westerwald, die man gesehen haben muss
ISBN 978-3-7408-1229-4

Klaus Hardering, Petra Sophia Zimmermann
111 Orte im und am Kölner Dom, die man gesehen haben muss
ISBN 978-3-7408-1296-6

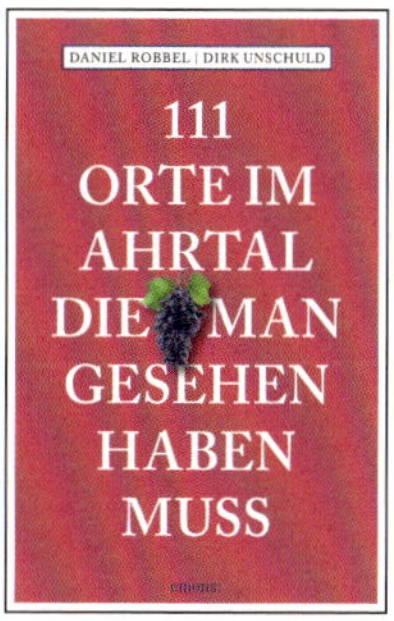

Daniel Robbel, Dirk Unschuld
111 Orte im Ahrtal, die man gesehen haben muss
ISBN 978-3-7408-1370-3

Ursula Gilbert, Michael Klein
111 Orte im Siebengebirge, die man gesehen haben muss
ISBN 978-3-7408-1871-5

Jörn Heller
111 Orte in Siegen-Wittgenstein, die man gesehen haben muss
ISBN 978-3-7408-0976-8

Peter Eickhoff
111 Orte in Düsseldorf, die man gesehen haben muss
ISBN 978-3-7408-0986-7

Carsten Sebastian Henn,
Torsten Goffin
111 mal lecker essen in Köln
ISBN 978-3-7408-1181-5

Stephanie Katerle
111 Orte in Paderborn, die man gesehen haben muss
ISBN 978-3-7408-0645-3

Rüdiger Liedtke
111 Heilige im Rheinland, die man kennen muss
ISBN 978-3-7408-0886-0

Bernd Imgrund
111 Kölner Orte, die man gesehen haben muss
ISBN 978-3-7408-0801-3

Ralf Koss
111 Orte in Dortmund, die man gesehen haben muss
ISBN 978-3-7408-0649-1

Garnet Manecke, Vera Anders
111 Orte in Mönchengladbach, die man gesehen haben muss
ISBN 978-3-7408-0606-4

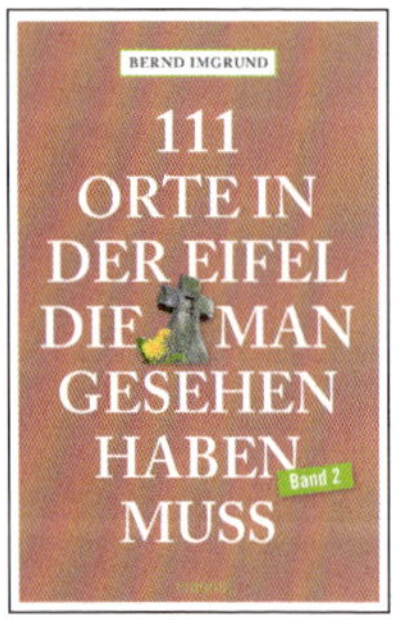

Bernd Imgrund
111 Orte in der Eifel, die man gesehen haben muss, Band 2
ISBN 978-3-7408-0552-4

Fabian Pasalk
111 Orte im Ruhgebiet, die man gesehen haben muss, Band 2
ISBN 978-3-95451-223-2

Barbara Kemmer, Frank Schmitt
111 Orte in Koblenz, die man gesehen haben muss
ISBN 978-3-7408-1994-1

Christina Kuhn, Christian Löhden
111 Orte in der Pfalz, die man gesehen haben muss
ISBN 978-3-7408-1783-1

Regina Urbach
111 Orte in und um Worms, die man gesehen haben muss
ISBN 978-3-7408-1172-3

Peter Bieg
111 Orte in Trier, die man gesehen haben muss
ISBN 978-3-7408-1294-2

Dorothee Fleischmann
111 Orte im Taunus, die man gesehen haben muss
ISBN 978-3-7408-1420-5

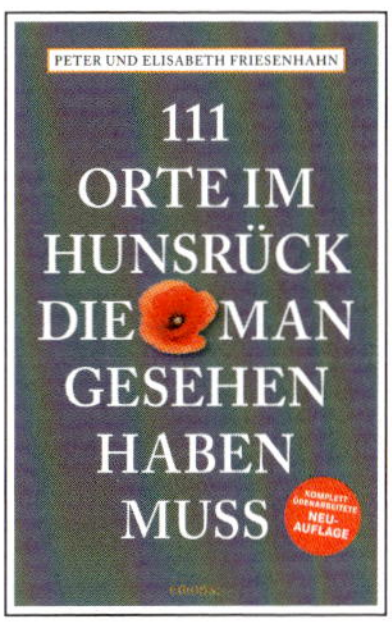

Peter Friesenhahn, Elisabeth Friesenhahn
111 Orte im Hunsrück, die man gesehen haben muss
ISBN 978-3-7408-1090-0

Stefanie Jung
111 Orte in Mainz, die man gesehen haben muss
ISBN 978-3-95451-041-2

Anke Müller
111 Orte an der Mosel, die man gesehen haben muss
ISBN 978-3-95451-325-3

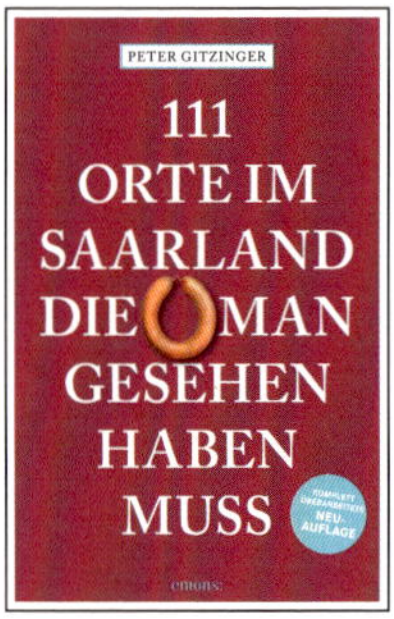

Peter Gitzinger
111 Orte im Saarland, die man gesehen haben muss
ISBN 978-3-7408-1265-2

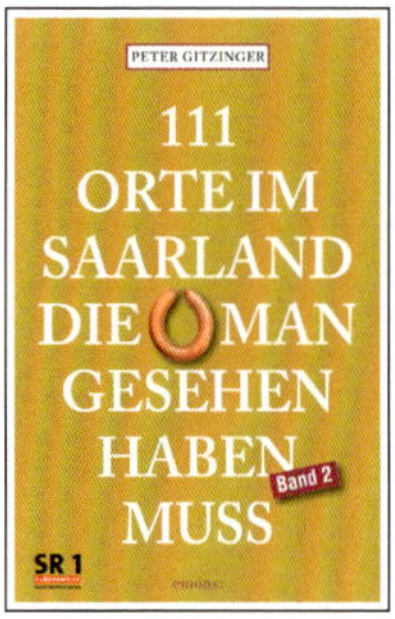

Peter Gitzinger
111 Orte im Saarland, die man gesehen haben muss, Band 2
ISBN 978-3-89705-886-6

Christina Bacher
111 Orte in und um Marburg, die man gesehen haben muss
ISBN 978-3-7408-1225-6

Lothar Simmank
111 himmlische Orte in Hessen, die man gesehen haben muss
ISBN 978-3-7408-1494-6

Dietmar Hoos
111 Orte in Kassel, die man gesehen haben muss
ISBN 978-3-7408-1879-1

Eva Wodarz-Eichner,
Karsten Eichner
111 Orte in Wiesbaden, die man gesehen haben muss
ISBN 978-3-7408-1634-6

Tim Frühling
111 Orte an Main und Kinzig, die man gesehen haben muss
ISBN 978-3-7408-1345-1

Tim Frühling
111 Orte in Mittelhessen, die man gesehen haben muss
ISBN 978-3-7408-1232-4

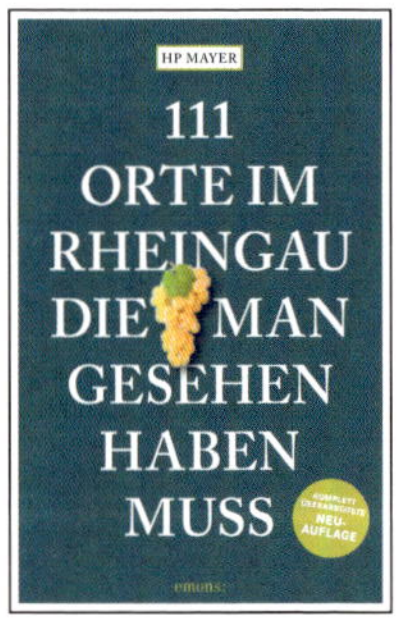

HP Mayer
111 Orte im Rheingau, die man gesehen haben muss
ISBN 978-3-7408-0999-7

Danksagung

Es macht viel Spaß, so einen 111er zu verfassen. Gerade wenn es um eine Region wie den Mittelrhein geht, heißt das aber auch, dass man etliche Kilometer mit dem Auto zurücklegen muss … und viele zu Fuß. Neben den Geschichten, die den Weg ins Buch gefunden haben, erlebt man dabei eine Menge. Immer wieder trifft man hilfsbereite Einheimische, die einem die besten Wege verraten, Anekdoten erzählen oder ein Stück mit dem Landrover mitnehmen. Wir können unmöglich alle auflisten, die uns geholfen haben. Trotzdem möchten wir uns besonders bei Svenja Arndt, Willi Nickenig, Julia Kloos-Wieland, Dagmar Aversano-Schreiber, Horst Maurer, Heinz Kähne, Gerd Michel, Bernd Geil, Stefanie Langer und Jürgen Gödert bedanken. Ohne ihre Unterstützung bei den Recherchen wäre dieses Buch vielleicht nie erschienen. Besonderen Dank schulden wir Heinz Bengart für die freundliche Überlassung des Schleifenblumen-Fotos. Zu guter Letzt möchten wir uns bei Jens Dreisbach für das sorgfältige Lektorat bedanken. Und beim Team des Emons Verlags für die gute Zusammenarbeit.

Jens Burmeister studierte Chemie und arbeitete in der Forschung, bevor er sich 2020 als Autor selbstständig machte. Er schreibt kulinarische Kriminalromane und Weinführer. Der Mittelrhein-Weinführer, den er seit 2003 publiziert, führt ihn regelmäßig in das romantische Tal. Er wohnt in Göttingen sowie in der Nähe von Köln.

Karin Achilles studierte Chemie und arbeitet in der pharmazeutischen Industrie. Sie ist Coach, Mediatorin und Lach-Yoga-Trainerin. Ihre Leidenschaft gilt dem Fotografieren, besonders auf Reisen.